이건희 회장의 삼성 경영학

목계木鷄 경영 스토리

김 성 수 교수

지성공간

| 머리말 |

"목계木鷄" 성공의 길로 인도하는 세상의 지혜
"세파에 초연"하라.

삼성그룹 창업자 호암 이병철 선생은 삼남 이건희를 1978년 삼성물산 부회장으로 승진시키고, 1987년 자신이 세상을 떠나기 전까지 10년 동안 최고경영자CEO로서의 능력과 자질을 향상시키기 위하여 혹독한 경영수업과 훈련을 시켰다.

당시 청년 이건희가 받은 경영교육의 덕목은 '세상을 살아가는 지혜와 실천의 경영철학'으로 기업을 바로 서도록 하는 사상, 즉 '목계교훈木鷄教訓' 이었다.

목계木鷄는 중국 춘추전국시대에 만들어진 장자莊子의 달생편達生篇에 나오는 이야기로 '잘 훈련된 닭이 마치 나무로 만든 닭처럼' 되어, 마침내 덕德이 완전해졌기 때문에 '어떠한 닭이 달려들어도 흔들리지 않는다는 뜻'으로 '세파에 시달리면서도 승패에 집착하지 않고, 초연한 것이 가장 강하고, 지혜롭다'는 의미를 담고 있다. 바로 '이것이 성공의 길로 인도하는 세상의 지혜'라고 말하면서, 실천하도록 하였다.

그런 다음 호암 선생은 아들 이건희에게 '경청傾聽'이라는 글자를 주면서, '우선 남의 말을 잘 들어주는 것'이야말로 대기업을 이끄는 최고경영자로서 지켜야 할 금과옥조라고 유훈遺訓을 남겼다.

삼성그룹의 창업자 호암 이병철 선생은 50년 동안 삼성三星을 경영하면서 수많은 고난과 어려움을 겪었다. 대부분 후진국 창업자들이 그랬듯이 그도 숫한 역경과 실패를 겪었다. 그러나 도전과 개척정신 그리고 사업보국정신으로 이 나라를 중진국으로, 그리고 선진국으로 성장시키는 경제발전과정의 책임도 짊어지고 있었다. 물론 그 와중에는 기업가정신이 결여된 비윤리적이고, 부패한 경영자도 많이 있었다.

그러나 수많은 신산과 굴곡을 거치면서 호암 이병철 선생은 자신과 가족 그리고 기업근로자의 생존적 소득을 유지하고, 삼성을 지키기 위해서 '목계木鷄' 의 마음과 정신이 필요함을 절실히 깨달았기에, 이를 후계자에게 전한 것이라고 볼 수 있다.

'상대가 아무리 물어뜯으려고 으르렁거려도 나무로 깎아 만든 닭처럼 초연하게 대처하는 마음' 이것이 호암 이병철 선생이 아버지로서 가장 사랑하는 아들 후계자 이건희 회장에게 전하고자 한 처세법이었을 것이다.

"세파에 시달리고 많은 어려움을 당하겠지만, 자신을 달래고 의연하게 극복하도록 노력하여라. 이 목계의 교훈을 세상을 살아가는 상징이자 경영철학經營哲學으로 삼아 절대 경거망동하지 마라." 몸을 낮추고, 고개를 숙이게 하는 데 도움이 되도록 하였다.

이건회 회장의 목계경영 스토리는 다음과 같이 전개된다.

제1부는 나부터 변해야 한다는 것을 주제로 하였다.

목계는 성공의 길로 인도하는 지혜이며, 뜻이 있는 곳에 길이 있다. 즉, 그것은 '경청과 목계' 의 경영수업부터, 발상의 전환, 삼성헌법처럼 실행하라 등과 신경영으로 삼성병을 치유하기 위해서, 혁명보다 더 어려운 개혁의 문제를 다루었다. 은자의 리더십으로 준비경영시대의 원년을 맞는 등, 답은 '찾아라 경영' 과 '준비경영론', 한 명의 천재가 10만~20만 명을 먹여 살린다. 그리고 '삼성이 원하는 핵심인재 유형' 등으로 구성하였다.

제2부는 선진국을 보고 배워라는 것을 주제로 하였다.

이곳에서는 이건희 회장의 학창시절, 그리고 러브스토리, 특히 이건희의 출생과 가계, 김 다섯 장과 삶은 달걀 하나, 초등학교 시절 전학轉學만 6차례, 선진국을 보고 배워라는 선친의 말에 일본으로, 조센진이라는 차별, 소년 영화광, 레슬링 선수, 고등학교 및 와세다대학, 일류를 배우다 등 공부의 요령과 골프의 철학, 조지 워싱턴 경영대학원 시절, 자동차에 심취하는 모습, 그리고 청년 이건희와 미대생 홍라희 러브스토리 등으로 구성하였다.

제3부는 창업의 효와 21세기의 경쟁력의 주제로서 후계자 선정 스토리를 담았다.

호암 이병철 회장의 유언장과 더불어 왜 삼남 이건희가 후계자로 선정되었나? 이건희 회장의 취임과 제2창업, '인류에게 도움이 되는 기업은 영원하다' 와 '변화의 출발은 자신을 정확히 아는 것' 으로 건전한 비판과 변화의 힘을 담아야 하는가를 설명하였다.

그리고 21세기 100년을 준비하라는 이건희 회장이 강조한 내용을 엮었다. 첫째, 인재와 경쟁력 요소를 찾아라, 둘째, 월드 베스트 전략, 지적 창조력 시대, 우먼파워를 활용하라, 셋째, 21세기 인재분류, 셋째, 삼성 펠로제도와 조기발굴 멤버십 프로그램, 넷째, 10년 후의 CEO를 선발하는 일본 SONY와 GE 크로턴빌의 인사평가와 GE가 요구하는 인재상의 벤치마킹 등으로 구성하였다.

제4부는 글로벌 CEO의 혁신적 전략경영을 주제로 삼성경영 스토리를 엮었다.

먼저, 제2창업 : 1988년부터 1993년까지 2000년대 세계적 초일류기업 달성을 목표로 제2창업정신을 정립하였으며, 신경영 제1기, 질質 경영시대1994~1996, 신경영 제2기 스피드Speed 경영시대, 구조조정 경영시대1998~1999, 디지털 경영시대1999~2012 등으로 구성하였다. 특히, 디지털 경영시대는 리더십과 통찰력을 갖춘 오너십의 능력으로 삼성 분권화 관리조직의 기본원칙 준수문제, 삼성의 조직풍토 혁신방법, SE System Engineering의 성과, ZD Zero-Defectives운동, 삼성의 사원社員상, 품질제일주의 전략경영, 정보와 전략경영, 고객만족 전략경영, 자율전략경영, 국제화 전략경영 등으로 구성하였다.

제5부는 패러다임의 대전환, '천동설경영에서 지동설경영' 으로 전환되어야 하는 CSR Corporate Social Responsibility 스토리, 즉 사회적 책임을 주제로 하였다.

삼성의 사회적 책임 모형, '사랑의 별, 나눔의 별' 즉, 사회복지 활동, 학술 · 교육 지원 및 스포츠 진흥활동, 문화 · 예술 지원활동, 자연환경 보전의 책임, 사회봉사 활동의 책임, 사회적 책임을 이행하는 재단 등으로 구성하였다.

제6부는 21세기 글로벌문화를 지향하는 기업문화 스토리를 주제로 하였다.

세계 속의 초일류문화 구현, 인간존중과 기술중시, 글로벌 메세나 활동, 7S, Staff, Structure, Strategy, Skill, System, Style, Shared 등의 기업문화 형성 등으로 구성하였다.

제7부는 정도경영, 기업가정신 스토리를 주제로 하였다.

이건희 회장의 기업가정신 창조의 배경과 경영활동을 통해 새롭게 발견되었던 8가지 기업가정신, 즉, (1) 초일류기업주의 정신, (2) 고객만족주의 정신, (3) 윤리경영주의 정신, (4) 천재중시주의 정신, (5) 기술혁신주의 정신, (6) 디자인 경영의 정신, (7) 구매의 예술화정신 (8)사회적 책임정신 등으로 구성하였다.

1994년 8월 28일 사원복지주의 정신에 대한 소신과 사회공헌주의 정신, 그리고 환경주의 정신 등을 추가하여 다루었다.

제8부는 군림의 리더십에서 섬김의 리더십으로 변하는 이건희 회장의 리더십 스토리를 주제로 하였다.

복종과 이상의 실현, 영감과 지적 자극, 개별적 배려 등을 특징으로 하고 있는 변혁적 리더십, 슈퍼리더십과 셀프리더십, 서번트 리더십 등과 리더십의 4가지 덕목, 즉, 목표, 열정, 인격, 정직, 그리고 이건희 회장이 바라는 뉴리더의 조건 등을 다루었다.

제9부는 전략적 통합으로 이룬 세계화의 길을 윤리경영으로 이룩해야 된다는 스토리를 주제로 하였다.

인의예지신仁義禮智信, 유교중심의 윤리경영을 기본으로 하는 군자적 리더십, 일류에서 초일류로 새로운 가치의 창출과 동 · 서양의 전략통합형 경영구조 이야기, 특히 인간미와 도덕성 중심의 친화적 기업으로 새롭게 조명되는 21세기 윤리경영, 그리고 삼성 윤리경영의 기본정신을 바탕으로 한 이해관계자의 신뢰와 공동번영 추구, 기업의 사회적 역할, 삼성인의 직장생활 등을 다루었다.

第10부는 초일류기업一流企業과 초인류기업人類社會 등 인류사회 공헌 스토리를 주제로 하였다.

먼저 초일류기업의 실현은 요람에서 무덤까지, 전세계에 알려진 자랑스런 삼성마크, 윤리경영을 넘어 사회적 책임을, 경제는 섬겨야 할 두 주인을 가진다는 등의 이야기와 존경받는 기업이 되기 위해 사회공헌 활동을 통한 인류사회의 공헌 등을 다루었다.

第11부는 수성과 혁신의 기수, 이건희 회장의 메시지 경영 스토리를 주제로 다루었다.

2011년 3월, 그는 '지금부터 10년은 100년으로 나아가는 도전의 역사가 될 것이다.' 라고 메시지를 던지면서, 씨앗사업, 과수사업, 고목사업 등과 경쟁력의 근간은 원천기술과 핵심기술이라고 전하면서, 원천기술개발과 우수한 인재를 영입하는 노력을 계속하라고 하였다. 그리고 무노조 조직문화, 100년을 위한 10년의 창조경영, 지속가능경영 CEO 메시지, 21세기 인재경영, 꿈의 일터 조성, 21세기 윤리경영, 21세기 녹색경영, 21세기 동반성장, 21세기 인류사회 공헌 등의 메시지 경영이야기를 다루었다.

이상과 같이 삼성 이건희 회장 경영학, '목계木鷄경영 스토리'를 구성하였다. 변화와 혁신의 시대, Global화는 기업가 정신이 필요할 시대라며, 기업가정신은 나부터 변해야 한다는 신념을 강조하였다. 그리고 계속 도전하고, 혁신해야 산다는 등 많은 화제를 뿌리면서 오늘의 삼성 그룹을 이끌어가는 CEO의 모습을 청소년부터 최고경영자에 이르기까지 '세상을 경영하는 지혜와 정신, 철학, 사상 등'을 배울 수 있도록 하였다.

목계木鷄는 '기업과 나를 성공의 길로 인도하는 지혜, 10년간의 경영수업을 한 목계와 경청, 나부터 쉬운 것부터 한 방향으로 변해야 한다. 삼성 병을 치유한 은자의 카리스마적 리더십, 변혁적 리더십에서 군자적 리더십으로 변하는 21세기의 CEO, 찾아라 경영과 준비경영론을 전개한 최고경영자, 한 명의 천재가 10~20만 명을 먹여 살리는 인재를 지금도 찾고 있는 CEO, 아직도 인재에 목마르고 있다. 계속 인재를 기다리고 있다'는 이건희 회장의 재미있는 경영이야기이다.

장자 달성편의 기성자 왈, "아직도 훈련이 덜 되었습니다. 적을 오직 노려보기만 하는데 여전히 지지 않으려는 오만한 태도가 가시지 않습니다."

훈련은 계속 되고, 시간이 흐른 후,

기성자가 대답하기를 "다른 닭이 감히 덤비지도 못하고, 쳐다 보기만 해도 달아나 버립니다."

"마치, 나무로 깍아 만든 닭과 같습니다."

왕王은 '이제 되었군.' 하며 고개를 끄덕였다.

이것이 '나무로 만든 닭' 저 유명한 장자의 '목계木鷄'의 스토리이다.

"바로, 세파에 초연함이다. 세파에 시달리는 과정에서 승패에 집착되지 않는 자者야말로 무적의 강자强者요, 무심無心 만이 최대의 무기"라는 것을 밝히고 있다.

이 책은 삼성그룹 사내외 보유하고 있던 연구문헌과 자료는 물론 관련 경영학회, 경영사학회, 삼성연구소, 각 기업경영 관련연구원 등 회사 밖에서 수집한 갖가지 문헌 및 자료, 인터뷰 등을 면밀하게 분석하고 종합하여, 체계화 하였으며, 지난 10년 동안 필자가 생각하고, 진행하는 과정에서 새로이 된 자료 등을 모집하고 분석하였으며, 그리고 스마트하고, 혁신적으로 수정하면서, 그러나 정직하게 편집하여 세상에 내 놓게 되었다.

필자는 지금부터 7년 전 지난 2005년 11월 "삼성그룹 이건희 회장 연구"(한국경영사학회)를 하였다. "경영사학, ISSN 1226-0215)"에도 발표하였다.

이 책은 폭 넓은 일반시민과 대학생으로부터 초, 중, 고등학교 학생들과 융합학문을 하는 많은 과학기술학도, 사회과학도, 경영학도 그리고 학계 및 경영계 인사들에게도 흥미로운 도서가 될 것이다. 특히 삼성그룹에 관심을 가진 독자들에게 좋은 길잡이가 될 것이다.

한 가지 누구나 사랑스럽게, 쉽게, 재미있게 읽히기 위해서, 어려운 주석이나 참고문헌 등은 빼고 편집하였다.

이 책이 출판되기까지 많은 (사)한국경영사학회 역대 회장님들과 회원 교수님들, (사)한국생산성학회 역대 회장님들과 회원 교수님들, (사) 한국인사관리학회 역대 회장님들과 회원 교수님들, (사)한국윤리경영학회 역대 회장님들과 회원 교수님들, (사)한국기업경영학회 역대 회장님들과 회원 교수님들께 머리 숙여 감사드린다.

특히 (사) 한국기업경영종합연구원 고문 및 자문 교수님, 각 연구센터 소장님들과 수석연구원 여러분들의 격려와 조언에 감사드린다.

그리고 무엇보다도 도서출판 교육과학사 김동규 대표님, 박재인 상무님, 편집부장님, 편집진과 실무진에게 두루 감사의 말씀을 드린다.

2012년 11월 15일

저자 김성수 교수 씀

| 차 례 |

제2부 선진국을 보고 배워라
학창시절 그리고 러브스토리 63

제3부 창업의 효孝와 21세기의 경쟁력
후계자 선정 스토리 93

제9부 전략적 통합으로 이룬 세계화
윤리경영 스토리 253

제10부 초일류기업, 초인류기업
인류사회 공헌 스토리 279

제11부 수성守成과 혁신의 기수

메시지 경영 스토리 295

제1부

나부터 변해야 한다

목계木鷄 경영 스토리

최고경영자이자 변혁적 리더로서, 낮은 데로 임하는 자세로 성공을 거둔 사상과 철학을 가진 사람을 '목계木鷄의 CEO'라고 한다.

목계, 즉 나무로 만든 닭이 무엇이기에 그럴 수 있을까? 나무 닭은 움직이지도 않고, 알을 낳지도 못하며 요리를 해 먹을 수도 없다. 대체 그러한 지혜가 오늘과 같은 첨단 디지털시대에 어떤 도움이 된단 말인가?

하지만 목계는 삼성그룹 이건희 회장이 기업을 경영하는 지혜이며, 삼성이 세계무대에서 우뚝 설 수 있었던 한 바탕을 이룬 철학과 사상으로써, 이 시대 최고경영자가 지녀야 하는 가장 중요한 덕목을 의미한다.

그는 선친인 호암湖巖 이병철 회장이 남긴 뜻을 직접 실천하여 오늘날 삼성을 세계에서도 손꼽히는 위대한 기업으로 만들었다.

목계木鷄, 성공의 길로 인도하는 지혜

삼성그룹의 창업자 호암湖巖 이병철李秉喆, 1910~1987은 삼남 이건희李健熙를 1978년 삼성물산 부회장으로 승진시키고, 1987년 자신이 세상을 떠나기 전까지 10년 동안 최고경영자로서의 자질을 향상시키기 위하여 혹독한 경영수업과 훈련을 시켰다.

그가 받은 교육의 덕목은 세상을 살아가는 지혜와 실천의 경영철학으로 기업을 바로 서도록 하는 사상, 즉 목계교훈木鷄敎訓이다.

목계木鷄는 중국 춘추전국시대BC 770~BC 221에 만들어진 『장자莊子』의 달생편達生篇에 나오는 이야기에서 유래한다.

당시에는 닭싸움이 유명했는데, 장자가 활동하던 위왕시대에 싸움닭을 기르기로 유명한 기성자紀渻子라는 사람이 있었다.

그는 왕의 부름을 받고 가장 훌륭한 싸움닭을 훈련시키는 관직을 맡게 되었다.

어느 날 왕은 기성자에게 수탉 한 마리를 주면서 제국에서 가장 싸움을 잘하는 닭으로 훈련시키라고 명했다. 열흘이 지나자 왕이 물었다.

“이제 닭이 싸울만한가?”

“아직 멀었습니다. 닭이 강하긴 하나 교만하여 아직 자신이 최고인 줄 알고 있습니다. 그 교만을 떨치지 않는 한 최고의 투계라 할 수 없습니다.”

열흘이 지나고 왕이 또 같은 질문을 하자 기성자紀渻子는 이렇게 답했다.

“아직 멀었습니다. 교만함은 버렸으나 상대방의 소리와 그림자에도 너무 쉽게 반응합니다. 태산처럼 움직이지 않는 진중함이 있어야 최고라 할 수 있습니다.”

다시 열흘이 지나 왕이 물었고 기성자는 이렇게 답했다.

“아직 멀었습니다. 조급함은 버렸지만 상대방을 노려보는 눈초리가 너무 공격적입니다. 그 공격적인 눈초리를 버려야 합니다.”

열흘이 지나 이번에는, 기성자紀渻子가 먼저 말했다.

“이제 된 것 같습니다. 상대방 닭이 아무리 소리를 질러도 아무 반응을 하지 않습니다. 완전히 마음의 평형을 찾았습니다. 마치 나무로 깎아 만든 닭처럼 되었습니다. 덕이 완전해졌기에 어느 닭이라도 그 모습만 보면 도망 갑니다."

이 이야기의 핵심은 무엇일까? 원문의 마지막 문구, 망지사목계기덕전望之似木鷄其德全, '보기에 흡사 나무로 만든 닭과 같으니 그 덕이 완전하도다.' 에 모든 것이 담겨 있다. 세파에 시달리면서도 승패에 집착하지 않고 초연한 것이 가장 강하다는 것을 의미한다.

이는 곧 장신수기藏神守氣, '정신을 감추고 기운을 지킨다.'는 말과 일맥상통하며, 대지약우大智若愚, '크게 지혜로운 사람은 오히려 어리석은 듯하다.'는 말과도 다르지 않다.

노자老子는 '곧은 사람은 도리어 비굴해 보이고, 교묘한 사람은 도리어 졸렬해 보이며, 말을 잘하는 사람은 도리어 말을 더듬는 것 같다.'고 하였다. 또한 북송의 시인 소동파蘇東坡는 '정말 용감한 사람은 두려워하는 듯하고, 대단히 지혜로운 사람은 어리석은 듯하며, 지극히 귀한 사람은 초헌면류관이 없어도 영화롭고, 진정 인자한 사람은 양생을 하지 않아도 장수한다.'고 하였다.

이처럼 지모가 뛰어난 사람은 오히려 어리석은 척을 하는데, 내심의 큰 포부를 감추기 위하여 또는 어떠한 목적을 실현하기 위하여 일부러 모자란 척하며 상대로 하여금 방심하도록 만들기 위한 것이다.

여기서 또 한 가지 의문이 생긴다. 이병철 회장은 어떤 이유로 아들 이건희에게 '목계사상'을 심어주었을까?

호암 이병철 회장은 50년 동안 삼성을 경영하면서 수많은 고난과 어려움을 겪었다. 특히 5·16 군사 쿠데타를 일으켜 정권을 잡은 박정희朴正熙 대통령과는 악연이 많았다. 아무리 굴지의 재벌이라 하나 서슬 시퍼런 군사정권하에서 권력자와의 대치는 견디기 쉽지 않았을 것이 자명하다.

해결이 시급한 당면문제가 '경제'라는 사실을 익히 알고 있는 박정희는 당시 재벌들을 부정축재자로 몰아붙였고, 삼성의 이병철 회장은 타깃 제1호가 되었다. 때문에 그는 하는 수 없이 자신이 평생을 바쳐 이룬 재산을 국가에 헌납해야만 했다. 1966년의 '한비사건'으로 이병철 회장의 차남인 한국비료의 상무 이창희가 구속되고, 회사가 국가에 귀속된 것이 이를 증명한다.

하지만 고난이 끝난 것은 아니었다. 전두환의 신군부가 권력을 잡았을 때도 이병철 회장은 자신의 방송국 TBC를 국가에 빼앗겨야 했다.

이처럼 정권이 바뀔 때마다 재벌들을 부정축재자로 몰아 전 재산을 빼앗는 후진국의 비애가 이 나라에서도 자행되고 있었던 것이다.

수많은 신산辛酸과 굴곡을 거치면서 이 회장은 자신과 가족 그리고 기업 근로자의 생존적 소득을 유지하고 삼성을 지키기 위해서 목계의 마음과 정신이 필요함을 절실히 깨달았기에, 이를 후계자에게 전한 것이라 볼 수 있다.

상대가 아무리 물어뜯으려고 으르렁거려도 나무로 깎아 만든 닭처럼 초연하게 대처하는 마음, 이것이 이병철 회장이 아버지로서 가장 사랑하는 아들 이건희에게 전하고자 한 처세법이었을 것이다.

"세파에 시달리고 많은 어려움을 당하겠지만, 자신을 달래고 의연하게 극복하도록 노력하여라. 이 목계의 교훈을 세상을 살아가는 상징이자 경영철학으로 삼아 절대 경거망동하지 마라. 숨을 죽이고, 고개를 숙이고, 얼굴을 어눌하게 하고, 눈은 부릅뜨지 말고 다른 곳을 보는 듯하면서 세상을 읽어라. 그러면 반드시 경쟁자를 이길 것이며, 천하를 평정하게 될 것이다."

현 삼성그룹의 이건희 회장은 선친의 유훈遺訓에 따라 이 '목계의 사상'을 경영과 행동으로 실천하고 있다. 그러므로 목계의 철학은 이 시대 최고경영자의 덕목이라 해도 지나침이 없을 것이다.

뜻이 있는 곳에 길이 있다

호암으로부터 물려받은 목계사상의 지혜와 철학은 21세기 삼성을 세계에 우뚝 서게 하는 성장 동력의 바탕이 되었다.

사실 이러한 경영철학은 현재까지 세상에 알려지지 않아 빛을 보지 못했다. 하지만 소통과 상생相生의 시대인 만큼, 이제는 세상에 내놓아 모든 이와 모든 기업에 도움이 되고자 한다. 목계 사상이야말로 개인은 물론 기업을 이끄는 CEO가 반드시 갖춰야 할 덕목이기 때문이다.

"몸을 낮추고, 겸손한 자세로 조심스럽게 행동하라. 눈은 부릅뜨지 말되, 세상을 멀리 보아야 한다. 세계를 보아라. 최고경영자에게 있어 낮은 데로 임하는 행동과 자세 그리고 세계를 보는 눈, 바로 성공의 어머니라고 할 수 있다. 뜻이 있는 곳에 길이 있다."

선친 호암의 이러한 가르침은 충성을 맹세하는 군인이 받는 정신교육이나 다름없었다. 당시는 경영자도 아니요, 그저 아버지 말씀을 듣고 따르는 어린 아들이었을 이건희에게는 적지 않은 스트레스였을지도 모른다.

그러나 그는 아버지의 말에 따라 그 사상을, 그 철학을 마음 깊이 새겼다. 그리고 실천하려 노력했다. 마치 무협지의 주인공이 산속에서 뼈를 깎는 수련으로 절세의 무공을 익히듯 자신을 낮추고 마음을 다스리는 혹독한 경영자 수업을 견뎌낸 것이다.

힘든 과정을 마치고, 세상에 나온 이건희 회장은 사람들에게 과연 어떻게 비춰졌을까? 물론 지난 세월 그는 몸도 아팠고, 마음도 상처받은 일이 한두 번이 아니었을 것이다. 또한 젊은 시절에 그는 우리가 흔히 보던 재벌총수의 당당한 모습도 아니었다.

그는 세상을 마주할 자신이 없는 듯 허리를 약간 굽힌 엉거주춤한 자세를 취하고 있으며 말투조차 어눌하다. 왜 똑바로 서지 못하고, 당당하게 행동하지 못하는 것처럼 비춰질까? 어디가 아픈 것일까, 아니면 좀 모자란 것일까?

지난날 청와대에서 이건희 회장을 처음 만난 노무현 대통령은 그의 불안한 시선과 허리를 굽힌 모습, 그리고 어눌한 행동을 보고 의아해했을 것이다.

"이처럼 모자란 듯 보이는 사람이 과연 삼성그룹의 회장이란 말인가?"

하지만 노 대통령은 이 같은 모습이 선친으로부터 배운 목계의 처세, 즉 '나무 닭'의 행동인지는 몰랐을 것이다.

'사람을 단지 겉으로 보이는 모습만으로 판단해서는 안 된다.'는 말은 어쩌면 이건희 회장에게도 꼭 들어맞는 것일 수도 있다. 이 회장의 이러한 모습과 태도는 자신의 능력을 감추기 위한 목계 철학의 처세일 뿐, 실제로 그는 누구도 상상 못할 엄청난 파워와 능력을 가지고 있기 때문이다. 그렇지 않다면 어찌 그가 삼성을 세계 일등기업으로 만들었으며, 복잡하기 그지없는 국내외 정치 · 경제 · 사회 · 문화 등 환경의 변화에 대응하며 모든 문제를 해결했겠는가?

나는 이미 오래전부터 이건희 회장의 눈과 몸짓에서 범상한 행동양식을 읽을 수 있었다. 누구라도 쉽지 않을 문제를 척척 풀어가는 능력을 보면서, 그를 통하여 세상을 살아가는 지혜, 기업을 성장시키는 사상을 배워야 한다고 생각하였다.

더욱이 고려대학교에서 개최된 한국경영학회 주최의 최고경영자 과정 시상식에서 대상을 받고 밝힌 그의 수상 소감을 듣고 매우 깊은 감명을 받았다.

"이 상은 우리 기업을 더욱 성장시키고 발전시켜서, 한국 경영학을 창조하고 정착시키라는 명령으로 생각하겠습니다."

외국 경영학의 도입을 뛰어넘어 한국 경영학을 정착시키고 실행하며, 바른 철학과 사상, 불굴의 기업가정신을 견지하자는 그의 말은 여느 기업가, 아니 학자라도 쉽게 할 수 있는 말이 아니었다. 더구나 우리는 그때 한국적 경영학이 절대적으로 필요한 시기였다.

나는 그동안 생각하고 느꼈던 이건희 회장의 참모습이 틀리지 않았음을 확신할 수 있었다.

그 후 나는 목계사상에 대한 자료를 모아 연구를 하고, 2005년 11월 삼성 이건희 회장의 생애와 경영이념을 집필하여 (사)한국경영사학회 논문집 「경영사학제20집, 제3호」에 발표했다.

경청傾聽과 목계木鷄의 경영수업

이병철 회장이 타계하기 10년 전인 1978년, 세간은 삼성의 후계자 문제로 시끄러웠다.

이 회장은 슬하에 팔 남매를 두었다. 장남 이맹희, 차남 이창희, 삼남 이건희, 장녀 이인희, 차녀 이숙희, 삼녀 이순희, 사녀 이덕희, 막내딸 이명희 등이다.

전통적인 유교관이 지배하던 당시 사회 분위기대로 딸들을 제외한다고 하더라도 장남과 차남이 있으니 셋째인 이건희가 후계자가 되리라고는 누구도 생각하지 못했을 것이다. 하지만 장남 이맹희는 독단적인 업무처리로 주위와 불협화음이 많고, 차남은 아버지의 마음이 동생에게 기울었음을 알고 스스로 물러났다는 등 여러 가지 소문이 나돌았다.

이듬해인 1979년 2월 27일, 이건희는 삼성그룹 부회장으로 취임하였다. 무수한 소문만 있던 삼성가의 후계 구도가 세상에 드러난 것이다.

부친 이병철 회장은 이건희 부회장의 집무실을 삼성 본관 28층 본인의 집무실 옆으로 옮기도록 하고 이렇게 말했다.

"내일부터 본격적인 경영수업을 받도록 해라."

이건희가 첫 출근을 한 날, 이 회장은 아들 앞에서 직접 붓을 들어 휘호를 썼다.

「경청傾聽」

「목계木鷄」

휘호로 쓴 네 글자는 이병철 회장이 오랜 세월 삼성을 이끌며 깨달은 경영철학의 정수精髓이자, 아들에게 전하는 최고의 비결이었다. 그리고 이건희 부회장은 그날부터 경청과 목계의 사상을 실천하기 위한 경영수업을 시작하였다.

"아들아! 경청傾聽하여라. 남의 말을 잘 들어라. 끝까지 들어라. 그리고 결정하여라. 아들아! 목계사상木鷄思想을 평생 동안 경영이념으로 삼고, 세상에 초연하게 대처하는 마음을 가져라. 나서지 마라, 눈만 크게 뜨고 쳐다보아라. 경청과 목계사상만 실천하면 최고의 경영자가 될 것이다. 이 둘이면 모두를 이길 것이며, 윤리와 도덕을 겸비하면 세계 제일의 CEO가 될 것이다."

경청, 남의 말을 잘 듣는 것이야말로 글로벌시대 대기업을 이끄는 CEO의 금과옥조金科玉條임을 강조한 것이다.

이처럼 남의 말을 끝까지 경청하도록 교육받은 이건희 회장의 실천적 사례는 여러 곳에서 증명되었다.

사장단 회의나 정부의 경제정책, 또는 산업정책 회의 때, 그는 대부분 다른 사람의 말을 들었고 자신은 거의 말을 하지 않았다. 말하는 이가 민망할 정도로 진지하게 듣고 있는 이건희 회장의 자세와 태도를 보고 감탄하지 않은 사람이 없었다고 한다.

이 회장은 소설가 박경리朴景利와 한 시간 동안 식사를 하면서도 거의 말을 하지 않고 오로지 상대의 얘기를 듣는 데 열중하였다고 한다. 그를 만난 전前 장관이자 문학평론가 이어령李御寧도 놀라움을 감추지 못했다.

"그의 한 마디가 나의 열 마디를 누르는 것 같았다."

이건희 회장은 부친에게 배워 익힌 대로 10년이라는 세월 동안 목계처럼 힘을 숨기면서, 상대의 이야기를 듣고 깊이 생각하며 미래를 바라보고, 일단 판단이 서면 주저 없이 행동하는 경영이 일상화되었던 것 같다.

하지만 이건희 회장이 언제나 조개처럼 입을 다물고 있는 것은 아니다. 필요한 이야기를 다 듣고 판단이 서서 말을 하기 시작하면 3~4시간은 기본이고, 10시간에 걸쳐 토론한 적도 있었다고 한다.

"선친은 경청을 늘 강조하시며 경영일선에 항상 나를 동반하셨고, 많은 일을 직접 해보라고 주문하셨다. 하지만 자세하게 설명해주지 않았고, 현장에서 부딪치며 스스로 익히도록 하였다. 이런 일이 되풀이되고 시간이 흐르면서 '경영은 이론이 아닌 실제이며 감感'이라는 체험적 교훈을 배울 수 있었다."

발상發想의 전환

부친 이병철 회장이 타계하고 삼성을 승계한 이건희 회장은 1993년 9월 10일 '신新경영'을 발표하고 '나부터 변해야 한다'는 철학을 제시하였다.

이 새로운 경영방침은 삼성의 임직원 모두 현실에 대한 명확한 인식과 자기반성을 먼저 하고, 자신부터 발상의 전환을 해야 한다는 지적이다. 남을 탓하기보다 나부터 먼저 변화하겠다는 의지를 가지고 있어야 글로벌시대를 살아갈 수 있다는 것이다. 이는 21세기도 중반을 향해 가고 있는 지금, 우리에게 반드시 필요한 덕목이다.

하지만 요즘처럼 이기주의가 팽배한 세상에서 남을 탓하지 않고, 나부터 변한다는 것이 가능할까?

그러면 여기서 나부터 변해야 한다는 발상發想의 전환轉換에 관한 이야기를 하나 들어보자.

이솝우화에 나오는 '토끼와 거북이' 이야기를 잘 알 것이다. 하지만 그 후의 이야기를 아는 사람은 거의 없을 것이다. 21세기에 새롭게 만들어진 우화이기 때문이다.

어느 날, 토끼가 거북이에게 달리기 시합을 제의했다.

"옛날 우리 조상이 너희 조상과 달리기 시합을 하다가 잠깐

낮잠을 주무신 바람에 너희 조상에게 진 건 사실이야. 하지만 그것 때문에 후손인 우리까지 놀림을 받고 있다는 것은 부당해. 우리가 아무렴 너희보다 느리겠니? 명예 회복을 위해서 다시 시합을 하자."

토끼들은 과거 달리기 시합에서 거북이에게 진 사실이 너무 억울하고 상식에 맞지 않는다며 다시 한번 달리기 경주를 제의한 것이다.

"자신이 없으면 항복해도 좋아. 괜히 힘 뺄 것 없잖아. 세상의 모든 동물에게 물어봐. 너희 같은 느림보가 우리처럼 빠른 동물을 이길 수 있다고 생각하는지."

토끼의 강권에 거북이가 말했다.

"우리 사전에 포기나 항복 같은 말은 없어. 그러니 정정당당하게 시합을 해."

거북이의 대답에 토끼는 놀라는 한편, 그토록 학수고대하던 기회가 왔다며 환호성을 질렀다.

"정말이야? 좋다. 우리 토끼는 이제 달리기를 할 때 상대방을 깔보지도 않을 것이고, 낮잠도 자지 않을 거야. 그렇다고 너희 거북이가 오는 길을 막는다든가 하는 비겁한 짓은 하지 않을 거니까 걱정할 것 없어."

"그런데 한 가지 조건이 있어. 그 조건을 지켜야만 네 제의를 받아들일 거야."

거북이의 말에 토끼는 귀를 쫑긋하며 물었다.

"그게 뭔데? 말해봐. 뭐든지 들어줄 테니까."

"달리기 시합을 하는 장소는 우리가 선택할 거야. 출발점부터 도착점까지를."

"겨우 그거야? 좋다 · 장소는 너희들 마음대로 해. 올림픽대로건 제주 올레길이건 어디든 좋으니 너희가 골라. 우린 무조건 오케이야."

이렇게 양측의 합의가 이루어졌고, 그날부터 거북이와 토끼 양측은 대표선수를 뽑아 맹훈련에 돌입했다.

며칠 후, 거북이 측으로부터 시합 장소를 정했다는 연락이 왔다. 출발점은 서울 남산 팔각정이며, 도착점은 남산 아래 회현동 입구였다.

이와 함께 거북이는 솔깃한 제의를 해왔다. 거북이 대표선수가 토끼 대표선수를 등에 업고, 남산 꼭대기에 있는 팔각정까지 올라가겠다는 것이었다.

"하하하! 이건 우리가 이긴 시합이나 다름없어. 녀석들, 초조한가 봐. 우릴 업고 올라간다니 말이야."

"여하튼 요번엔 절대 방심해선 안 돼."

토끼들은 승리의 각오를 다지며 맹훈련을 했다.

드디어 시합 날이 되었다. 세계 각국의 동물들이 토끼와 거북이의 시합을 보기 위해 남산으로 모여들었다. 그리고 음성적인

도박도 벌어졌다. 경마처럼 승리하는 쪽에 돈을 걸고 배당을 하는 것이었다. 물론 대부분이 토끼 측에 돈을 걸었고 거북이 측에 배팅을 한 동물은 극소수였다.

거북이 선수는 약속대로 남산 밑에서 토끼 선수를 만나 등에 업고 천천히 산을 오르기 시작했다. 토끼 선수는 거드름을 피면서 거북이 등에 타고 편히 올라왔다.

무려 다섯 시간이 걸려서야 두 선수는 남산 팔각정에 도착했다. 그러나 거북이의 속도를 생각한다면 그것도 무척 빠른 것이었다.

정각 12시. 시합이 시작되었다.

"탕-!"

출발을 알리는 총성과 함께 토끼 선수는 그동안 갈고닦은 기량을 뽐내듯 바위와 바위 사이를 훌쩍 훌쩍 뛰어넘었고, 아슬아슬한 벼랑에서도 속도를 늦추지 않으며 달렸다. 쏜살같이 달리는 토끼는 벌써 산의 반 이상을 내려간 듯 보였다.

그러나 거북이 대표는 벼랑 끝에 우두커니 서서 무언가를 골똘히 생각하는 모습이었다. 어쩌면 너무도 빠른 토끼의 속도에 놀라 승부를 포기하려는 것인지도 몰랐다.

드디어 거북이 선수가 몸을 움직이기 시작했다. 자신의 목과 네 발을 두꺼운 등껍질 안으로 집어넣은 것이다. 목과 발이 없어진 거북이는 마치 공처럼 둥근 모양이 되었다.

벼랑 끝에 선 그의 몸이 한 차례 흔들리는가 싶더니 힘차게 구르기 시작했다.

"두두두두두두-!"

"와아-!"

"저렇게 빠를 수가."

뭇짐승들이 탄성을 지를 만큼 거북이 선수의 속도는 빨랐다. 엄청난 속도로 산을 내려가기 시작한 거북이는 순식간에 토끼를 따돌리고 결승점인 회현동 입구에 다다랐다. 험한 산을 구르느라 몸은 비록 피투성이가 되었지만 거북이는 다시 한번 승리를 한 것이다.

결승점에서 숨을 죽이고 기다리던 구경꾼들은 21세기에 다시 거행된 세기의 시합에서 거북이가 토끼에게 승리했음을 확인하였다.

거북이는 다름 아닌 '발상의 전환'으로 토끼와의 경주에서 이긴 것이었다.

실력을 감춘 어눌한 모습 그리고 발상의 전환으로 불가능을 가능으로 바꾸는 힘! 바로 목계사상과 같지 않은가. 목계사상을 배운 이건희 회장은 개인의 행동만 변화시킨 것이 아니라 '창업創業의 효孝'를 이어 삼성그룹을 이끄는 21세기 기업가정신Entrepreneurship을 창조해내었다.

'삼성헌법三星憲法'처럼 실행하라

"우리가 관행적으로 해왔던 것을 바꾸는 의식개혁을 해야 한다. 무엇보다 자기 자신부터 달라져야 한다. 하지만 변화도 순서가 있다. 이제부터, 위로부터, 나부터, 쉬운 것부터, 한 방향으로, 올바르게 변화하자."

이건희 회장은 위와 같은 내용의 삼성헌법三星憲法을 발표하며 자신을 포함한 모든 삼성인이 실행할 덕목이라고 밝혔다.

원래 삼성헌법은 그가 경청과 목계라는 화두를 근간으로 10년간의 경영수업을 마치고 회장으로 취임하면서 제시한 지침이다. 그는 삼성헌법은 철저한 현실인식과 절박한 위기의식에서 출발한 것이라며 18만 삼성인과의 약속이라고 강조했다.

"삼성이 이대로 간다면 초일류기업 실현은커녕 삼류로 전락하고 말 것이라는 절박한 위기감을 느꼈습니다. 변화하지 않으면 안 된다는 절박한 심정이었지요. 잠도 제대로 이루지 못했으니까요."

그는 회장으로 취임하고 얼마 지나지 않은 1993년에 느낀 감정을 이렇게 술회한다.

21세기가 7년밖에 남지 않은 20세기말의 마지막 기회에 삼성을 일류로 만들지 않으면, 치열한 세계시장에서 살아남지 못할 뿐만 아니라 역사에 대죄를 짓는 것이고, 자신은 '제2의 이완용李完用'이 될 수밖에 없는 만큼, 새롭게 변해야 한다는 결의를 담은 것이 바로 새로운 경영방침인 '삼성헌법'이다.

"변화의 기본은 사람이다. 사람이 변해야 모든 것을 바꿀 수 있다. 임직원 각자가 인간미와 도덕성을 회복하고 예의범절과 에티켓을 준수하는 것이 기본이다. 인간이 바로 서지 않고서는 삼성 조직 내부의 문제인 이기주의, 권위주의, 도덕불감증을 치유할 수 없으며, 진정한 의미의 초일류기업이 될 수 없다."

이처럼 삼성헌법은 인간미, 도덕성, 예의범절, 에티켓 등을 기본으로 하여 변화의 방향을 한 곳으로 통일하고, 질 위주의 경영, 국제화, 정보화, 복합화 등을 이룩해서 국제경쟁력을 높이며, 궁극적으로 인류사회에 봉사하는 21세기 초일류超一流이자 초인류超人類 기업이 된다는 내용을 담고 있다.

삼성은 변해야 하지만 그것은 결국 회장, 사장, 전무 등 위에서부터 변해야 한다는 것이다. 그것도 말뿐인 변화가 아닌 행동으로 실천하여야 한다는 것이다. 또한 모든 사원들도 '회사가 변해야지.'라거나 '○○부가 변해야지.'라는 식의 푸념만 늘어놓지 말고, 회사와 각 부서의 모든 구성원들 스스로가 변해야 한다고 역설한다.

나부터 변해야 한다

"우선 쉬운 것부터, 그리고 할 수 있는 것부터 변해야 한다."

그렇다. 모든 일에는 시작이 중요하다. 처음부터 무리를 하지 말고 가능한 일, 손쉬운 일부터 시작한다면 어렵지 않게 다음 단계로 넘어갈 수 있다.

예를 들어, 하루 수면시간이 9시간이라면 이를 8시간 또는 7시간으로 줄여보는 것도 변화이다. 하지만 당장 1시간이나 2시간을 줄이기란 쉽지 않다. 무리를 하다가는 오히려 역효과를 볼 수도 있다. 그러므로 하루에 5분 또는 10분씩 줄여가면 무리하지 않고 뜻을 이룰 수 있다. 이처럼 자신과 한 약속을 어기지 말고 끝까지 하는 것이 가장 중요하다.

자기변화를 이루기 위해 이건희 회장이 고안한 것 가운데 하나가 '7 · 4제'이다 7 · 4제란 오전 7시에 출근하여 오후 4시에 퇴근하는 시스템을 의미한다.

서양에서는 일찍이 'Nine to Five', 즉 오전 9시에 출근하여 오후 5시에 퇴근하는 것이 직장의 관례였다. 우리나라도 초기에는 이를 도입하였으나, 나중에 한 시간을 늘려 현재 대부분의 회사에 오전 9시에 출근해서 오후 6시에 퇴근하는 시스템이 정착되었다.

그동안 누구도 이에 대해 검토를 하지 않았다. 바꿀 이유도 없고 그럴 필요도 느끼지 못했기 때문이다. 그런데 이 회장은 이 같은 시스템을 파괴하였다.

더욱이 7 · 4제의 진정한 의미는 단지 출퇴근 시간을 앞당기는 데 있는 것이 아니었다. 러시아워를 피해 출퇴근함으로써 시간을 크게 절약하는 효과를 얻음은 물론 업무의 효율성을 높이고 임직원들 스스로가 변화를 이루는 데 필요한 시간을 준 것이다. 퇴근 후 시간이 많아진 직원들은 건강관리, 어학연수, 동호회, 전문분야 공부 등 자기계발에 힘쓰게 되었다.

이건희 회장의 7 · 4제 도입은 한국은 물론 세계의 기업사회에서도 보기 드문 파격이고, 획기적인 발상의 전환이었다. 지금까지 삼성의 경영시스템을 모범답안으로 보고 그것을 열심히 답습해왔던 한국의 기업들은 커다란 충격에 휩싸였다.

이런 변화의 모습을 본 우리나라 대기업들, 특히 포스코, 기아그룹, 효성그룹, 쌍용, 대한교육보험, 보령제약 등이 조기早期 출퇴근제로 바꾸어갔다.

'삼성병三星病'을 치유하기 위해서

이건희 회장이 취임한 직후, 삼성전자 일본 현지법인에 근무하던 일본인 기술고문 후쿠다福田는 당시 삼성이 안고 있는 문제점, 즉 삼성병에 대해 예리한 진단보고서를 올렸다.

"삼성전자는 삼성병을 앓고 있다. 소비적이고 철저하지도 않고 구체적이지도 못하다. 마이크로Micro와 매크로Macro도 구분하지 못한다. 이를 고치지 않으면 삼성은 망한다."

삼성전자 산업디자인 고문이었던 후쿠다는 특히 디자인의 문제점을 사업본부장에게 여러 차례 보고했으나 묵살당했다. 이에 그는 자리에서 물러날 각오를 하고, 삼성전자의 문제점을 조목조목 지적한 '후쿠다보고서'를 이건희 회장에게 직접 제출하였다.

"현대는 디자인의 시대라고 할 수 있다. 디자인이 경쟁력을 좌우하는 것이다. 하지만 삼성의 직원들은 패션 디자인에만 집착할 뿐, 공업 디자인이나 상품 디자인은 전혀 이해하지 못하고 있다. 새로운 상품을 생산할 때도 상품기획서가 없는 회사가 바로 삼성이다."

후쿠다보고서에 따르면, 전자분야는 암 2기, 중공업은 영양실조, 건설은 영양실조 및 당뇨병, 종합화학은 선천성불구 및 기형으로 애초에 잘못 태어났으며, 물산은 전자와 종합화학을 합쳐서 반으로 나눈 정도의 병을 앓고 있다고 했다.

삼성병이 그토록 위중한지를 미처 몰랐던 이건희 회장은 후쿠다보고서를 검토하면서 놀랄 수밖에 없었다.

'이 지경이 되도록 아무도 몰랐다니… 만약 당장 치료를 하

지 않고 그대로 방치한다면?'

격노하는 한편 절망에 잠긴 이 회장은 문득 지난 2002년 5월에 『매거진 포춘』지에 실린 특집기사가 생각났다.

"어느 기업이건 경영 실패의 최대 원인은 실패증후군에 대한 몰지각에서 비롯되었다."

포춘지가 제시한 경영 실패의 원인은 삼성병의 원인과 크게 다르지 않았다.

(1) 성공에 도취된 기업경영의 상태가 지속되는 경우
(2) 기능 부진의 중역회의가 계속되는 경우
(3) 근시안적인 경영전략이 지속되는 경우
(4) 경영자층Management Zone의 과도한 탐욕과 욕심이 계속되는 경우
(5) 권위적이고 독선적인 리더십을 가진 CEO일 경우
(6) 증권가의 노예가 계속되는 경우
(7) 리스크가 계속되어 경영 위험수위를 초과할 경우
(8) 실패의 증후군에 대한 몰지각 등

이와 같은 포춘지의 진단은 1990년대 초 '최고'라는 환락에 빠져 있던 삼성그룹도 고질적인 문제점으로 나타나고 있었다. 이 밖에도 부서 간의 높은 장벽, 전시성 경영관리 행태, 팽배한 보신

주의 등 한두 가지가 아닌 합병증이 상존하고 있었다.

이날부터 이건희 회장은 삼성 스스로가 안고 있는 고질병에 대해 밤잠을 설쳐가며 고민했고, 특히 경영관리의 증후군에 대한 깊은 통찰과 개혁을 단행할 계획서를 만들었다. 그리고 하나하나의 문제점을 개선하기 시작하였다.

혁명보다 어려운 개혁

조직구조 개혁에는 두 가지 방법이 있다. 하나는 사회의 체제나 구조를 뜯어고치는 일이요, 또 하나는 조직 경영체제와 구조를 운영하는 인간과 정신을 개조하는 일이다.

우리는 왜 계속 부조리와 부패, 나태와 교만, 고객을 생각하지 않는 의식구조와 정신자세 그리고 사고방식, 낡은 풍토로 후퇴 전락하고 있을까? 그것은 후자 즉, 경영체계와 구조를 운영하는 사람과 정신이 병들어 있기 때문이다.

지난 1993년 초, 삼성 이건희 회장은 '프랑크푸르트선언'을 발표하였다. 그것은 아주 우연한 사건에서 비롯되었다.

미국 로스앤젤레스에 있는 어느 대형매장을 방문한 이건희 회장은 커다란 충격을 받았다. 삼성전자의 텔레비전이 뽀얗게 먼지를 뒤집어쓴 채 매장 한쪽 구석에 처박혀 있는 것을 보았기 때문이다.

'대체 어째서 이런 일이?'

호텔로 돌아온 이 회장은 깊은 생각에 잠겼다. 물론 매장 직원이 신경을 쓰지 않아서 그럴 수도 있고, 삼성 LA지사 영업부가 소홀했을 수도 있다. 하지만 결국 삼성 제품이 소비자에게 선택되지 않는다는 얘기였다. 그가 생각했던 것보다 '삼성병'의 상태는 더욱 나빴던 것이다.

얼마 후 그는 독일 프랑크푸르트로 출장을 갔다. 그리고 전격적인 발표를 했다.

"마누라와 자식 빼놓고는 모든 것을 바꿔라!"

노골적이고도 육감적인 언어로 표현한 이건희 회장의 충격적인 발언을 세인들은 '삼성 프랑크푸르트선언'이라고 명명했다. 그리고 그날부터 삼성은 달라지기 시작했다. 삼성병 치유를 위한 혁명보다 더 어려운 개혁이 단행되었고, 값진 노력은 결실을 맺게 되었다.

그 후 5년이 지났을 즈음 우리는 재앙의 쓰나미 같은 IMF 경제위기를 맞았다. 전 국민이 고통받은 미증유의 사태, 삼성이라고 예외는 아니었다. 하지만 병을 치유하고 건강을 되찾은 삼성은 이 같은 위기를 순조롭게 넘길 수 있었다.

만약 삼성이 스스로 병을 고치려는 노력을 하지 않고 방관했더라면… 삼성은 물론이고 우리나라 전체가 위태로운 지경에 이르렀을지도 모른다.

잿더미에서 피어난 애니콜 신화

2002년 9월 18일 서울 한남동 삼성 영빈관인 승지원承志園. 이건희 회장이 밝은 표정으로 회의장에 들어섰다. 삼성전자 윤종용 부회장을 비롯하여 이기태 삼성전자 통신부문 총괄사장, 손욱 삼성종합기술원장, 이학수 구조조정본부장 등 이른바 삼성 수뇌진 20여 명이 둘러앉아 있었다. '핵심인재 확보방안'이라는 주제로 사장단 회의가 개최된 것이다.

이기태 사장이 미국과 러시아로부터 우수인력 확보 현황을 보고한 뒤, 휴대폰 시장 점유율을 간략하게 언급했다.

"올해를 기점으로 삼성 휴대폰이 세계시장에서 10% 정도의 점유율을 기록하고 3위가 될 것으로 보입니다. 이 같은 추세라면 3년 후에는 14%가 될 것입니다. 규모에 연연하지 않고 브랜드 전략을 더욱 강화하겠습니다."

보고를 받던 이 회장이 흡족한 표정으로 말했다.

"기반도 없이 출발했는데… 이제 수준이 많이 올라갔군."

6시간에 걸친 긴 회의를 마치고 승지원을 나오는 이기태 사장에게 다른 이들이 축하의 말을 건넸다.

"이제 휴대폰은 졸업하셨군요. 축하합니다."

지난 1988년 도시바 제품을 받아 삼성 로고만 붙여 판매하던 휴대폰 사업이 어느덧 졸업장을 받게 되었으니… 이기태 사장의 생각은 7년 6개월 전으로 달려가고 있었다.

1995년 3월 9일 오전 10시경, 삼성전자 구미사업장. 흐린 날씨임에도 2천여 명의 직원들이 운동장에 모여 있었다. 그들은 모두 머리에 '품질 확보'라고 쓰인 띠를 두르고 있었다.

직원들 앞에는 '품질은 나의 인격이요, 자존심!'이라는 현수막이 걸려 있었고, 임원 모두는 굳은 표정이었다. 놀라운 것은 운동장 중앙에 무선전화기를 포함해 키폰, 팩시밀리, 휴대폰 등 15만 대의 제품이 산더미처럼 쌓여 있었다는 사실이다.

갑자기 직원 몇몇이 손에 든 해머로 이 기기들을 내리치기 시작했다.

"퍽-! 퍼퍽-!"

돈으로 치면 무려 5백억 원에 해당하는 비싼 기기들이 순식간에 쓸모없는 플라스틱 조각으로 변했고, 이를 바라보는 직원들의 눈빛에는 참담함이 서렸다. 부서진 조각들은 시뻘건 불 속으로 던져졌다. 엄청난 비용을 들여 노력과 정성을 담아 헤아릴 수 없이 많은 공정을 거친 제품들이 한 줄기 연기로 변하고 말았다.

'불량제품 화형식'. 질 경영에 대한 이건희 회장의 강력한 의지를 보여준 중차대한 사건이 아닐 수 없다. 그룹 전 직원들에게 긴장감을 불어넣기 위한 극약처방인 셈이었다.

이건희 회장의 프랑크푸르트 선언이 있은 후, 삼성은 질 경영에 따른 품질 개선을 위해 비서실 직할 소비자문화원을 설립하고, 사장단 평가자료인 품질지수를 도입하는 등 강력한 정책을 펴나갔다.

하지만 세상에 뜻대로 되는 일은 없는 법. 때마침 '휴대폰 사건'이 터진 것이다.

이건희 회장은 설을 맞아 휴대폰 2천여 대를 임직원들에게 선물했다. 그런데 얼마 지나지 않아 볼멘소리가 들려왔다.

"이게 뭐야? 통화가 제대로 되지 않잖아."

"에이, 잔뜩 기대했는데… 속았네."

현명관 당시 비서실장으로부터 '휴대폰을 사용해본 임직원들의 불만이 많다.'는 보고를 받은 이 회장은 대로大怒했다.

"휴대폰 품질이 고작 그 정도인가? 고객이 두렵지도 않나. 돈 받고 불량품을 팔다니."

휴대폰에 대한 애정과 신뢰가 남달랐기에 이 회장은 화를 참지 못했던 것이다. 과거 휴대폰의 전신이라 할 수 있는 900메가 무선전화기가 인기를 끌 때, 이 회장은 개발자들을 불러 말했다.

"미래는 휴대폰이 지배할 것이다. 이제 통신세상이다."

반도체에 이어 휴대폰이 삼성의 미래를 책임질 사업이라 여겼던 이 회장의 실망은 컸다. 그리고 극약처방을 내렸다.

"휴대폰과 관련된 모든 제품을 회수해서 공장 사람들이 보는 앞에서 태우시오."

이 회장의 지시에 따라 생산라인이 멈추었고, 영업부 직원들은 재고품은 물론 서비스센터를 통해 이미 판매된 제품까지 수거하기 시작했다. 당시 삼성전자가 자발적으로 리콜한 제품은 10만 대가 넘었으며, 가격으로는 5백억 원에 달했다.

"내가 만든 제품들이 불에 타는 것을 보니 온갖 감정이 교차하더군요. 정말 비참했어요. 그런데 타고 남은 재를 불도저가 밀고 갈 때 갑자기 각오랄까 결연함이 생깁디다. 이제 과거는 잊고 새롭게 출발하겠다는 각오를 다지게 되었지요."

당시 화형식 현장에 있었던 이기태 사장의 회고이다.

화형식은 불량품을 제물로 삼아 도약의 발판을 마련하기 위한 통과의례였고, 새로운 역사의 시작이기도 했다. 이렇게 잿더미에서 다시 시작된 휴대폰 사업이 오늘날 삼성을 초일류기업으로 이끈 견인차 역할을 했다고 해도 과언은 아닐 것이다.

화형식 이후 7년 반이 지난 2002년, 삼성 휴대폰은 4,300만대 이상이 팔렸고, 세계시장 점유율 3위를 기록했다. 그리고 당시 삼성전자 총이익의 5.3%에 이를 정도로 엄청난 규모였던 불속으로 사라진 5백억 원은 7년 반이 지나 60배에 달하는 3조 원으로 되돌아왔다.

소탐대실小貪大失, 작은 것을 탐내다가 큰 것을 잃는다는 옛말을 되새겨, 엄청난 손해를 감수하면서 스스로의 살을 깎는 고통을 이겨낸 보답이었던 것이다. 이 또한 자신에게 한 쓴소리조차 귀를 기울인 경청, 바로 목계의 철학 아니던가.

은자隱者, The Hermit King의 리더십

2010년 12월 1일에 열린 '자랑스러운 삼성인' 시상식에서 이건희 회장은 이례적으로 자신의 출근에 대해 발언했다.

"곧 다가올 2011년은 21세기 들어 새로운 10년이 또 시작되는 시기입니다. 더욱 정신을 차리고, 조금 더 긴장해서 열심히 해야겠다고 생각합니다. 앞으로 종종 나오겠습니다."

그리고 이건희 회장은 4월부터 매주 2회가량 서울 서초동 삼성전자 본관 42층 회장실로 출근하기 시작했다.

그전까지만 해도 업무의 대부분을 서울 한남동의 삼성 영빈

관인 승지원에서 하면서, 당시 본관이 있던 서울 태평로 삼성본관에는 거의 모습을 드러내지 않았던 그였다. 2003년 미국 시사주간지 『뉴스위크』에서는, 이 같은 이 회장의 활동패턴을 11월 24일자 아시아판 커버스토리에서 '은둔의 제왕The Hermit King'이라고 표현하기도 했다.

그런 이 회장이 '현장의 제왕'으로 돌아온 것이다. 이를 두고 삼성 계열사의 한 사장은 이렇게 말한다.

"사장들이 과거보다 더 긴장하는 것은 사실이에요. 과거에는 전략기획실현 미래전략실 등을 거쳐 보고되던 패턴에서 벗어나 회장에게 직접 보고하고 결과를 평가받아야 하니 더욱 긴장할 수밖에 없지요. 하지만 한편으로는 수조 원에서 수십조 원의 큰 투자에 대해 신속하고 책임 있는 결정을 받을 수 있으니 안도감도 생깁니다."

이처럼 이건희 회장은 '보이지 않는 삼성'이다. 존재하되 보이지 않는 사람, 바로 은자隱者인 것이다.

삼성그룹 대외 대표였던 이수빈 회장은 이렇게 말한다.

"나는 이건희 회장을 30년 넘게 지켜봤지만 그의 진면목은 20%도 채 알지 못한다."

연세대학교 총장을 지냈던 송자宋梓 교수도 "이건희 회장의 말은 보통사람 말인데, 의미에는 씹으면 씹을수록 무릎을 탁 치게 하는 철학이 담겨 있다."라고 하였다.

이학수 부회장은 이건희 회장의 리더십을 '예외관리 Management by Exception'라고 지적하기도 하였다.

세계적으로 명망 있는 뉴스위크의 평가는 더욱 구체적이다.

"인재에 대한 끊임없는 투자, 속도감 있는 경영, 은자隱者이면서 경영을 할 때 발휘되는 카리스마적 리더십, 망원경과 현미경적 분석능력 등으로 1993년부터 시작한 개혁 덕분에 삼성은 금융위기를 잘 넘겼다. 그것은 은자隱者, The Hermit King의 리더십이라고 할 수 있다."

삼성이야말로 한국 모든 기업의 모범이었으며, 이제는 일본 경제신문들까지 치켜세우기에 앞장서고 있다.

본인은 크게 드러나지 않았지만 모든 것에 영향을 끼치는 이건희 회장. 그가 이룬 삼성그룹의 성공사례는 '은자의 리더십'이라는 표현이 꼭 들어맞는 것이다.

준비경영시대 원년元年

2002년 4월, 이건희 회장은 회갑을 맞았다. 그즈음 뉴욕 주식시장에서는 삼성이 시가총액 면에서 최초로 SONY를 앞섰다는 낭보가 있었고, 상반기 실적 또한 사상 최대를 기록했다.

그러나 이 회장은 만족하지 않았다. 만족은커녕 10년 후를 대비하여 미리 준비경영을 하라면서 사장단에게 일침을 가하고 있었다.

2002년은 그에게 준비경영시대의 원년元年이었다. 그는 이렇게 폭탄선언을 했다.

"삼성은 일류도 이류도 아니다. 그저 1.5류일 뿐이다. 한국의 행정은 삼류이고, 정치는 사류이다."

이건희 회장의 폭탄 발언. 하지만 누구도 부정하지 못하는 현실이었다. 한국의 기업은 물론 국가조차 미래에 관한 대비가 없었다. 기업은 근시안적 투자를 하고, 국가의 행정은 졸속적이라는 것이다.

1년을 내다보는 사람은 농사를 짓고, 10년을 보는 사람은 나무를 심으며, 100년을 보는 사람은 인재를 키운다는 말이 있다. 하지만 우리의 현실은 100년은커녕 1년, 아니 불과 수개월 앞조차 내다보지 못하고 있다.

모든 분야가 총망라되는 국가의 행정은 말할 것도 없지만, 기업은 적어도 10년 뒤를 생각하며 경영을 해야 한다. 혼자만 잘 먹고 잘 사는 조직과 기업이 아니라, 우리 국민 모두가 잘 먹고 잘 사는 세상을 만들기 위해서 끊임없이 연구와 노력을 해야 하는 것이다.

1등 기업이라는 자만에 빠지지 말고 기본으로 돌아가야 한다. 기본은 최고의 자산이며 기본이 없는 기업은 마치 흙으로 만든 배와 같다.

이건희 회장은 기본으로 돌아가는 방법으로 다음 사항을 제시했다.

(1) 정직하자.
(2) 불황에 대비하자.
(3) 코스트를 절감하자.
(4) 소비자에게 밀착하자.
(5) 과당경쟁에서 빚어지는 불합리한 영업 관행을 버리고 정도경영으로 가자.

이처럼 상식적인 생각을 실천하는 한편 자유경쟁의 원칙에 따라 세계 어디서나 시장경제 질서를 존중하며, 상품과 서비스의 질을 통하여 고객의 신뢰를 확보해야 한다. 진정한 실력으로 정정당당하게 선의의 경쟁을 하며, 하청기업이나 중소기업, 경쟁사의 이익을 침해하거나 약점을 부당하게 이용해서는 안 되는 것이다.

답은 '찾아라 경영'과 '준비경영론'이다

이건희 회장은 앞서 제시한 '기본으로 돌아가는 경영' 외에 10년 후를 대비한 '찾아라 경영'을 강조한다. 즉 10년 뒤에 어떤 사업을 통해 먹고살 것인가를 찾아내는 것이다.

'찾아라 경영'의 핵심은 새로운 인재를 찾아라, 일등상품을 찾아라, 새로운 문화, 새로운 시장, 새로운 기술, 새로운 원료, 새로운 조직, 새로운 제품을 찾아라 등이다. 미국 경제학자 조지프 슘페터Joseph Alois Schumpeter가 주장한 이노베이션Innovation처럼 이건희 회장은 경영 전 분야의 혁신을 꾀하고 있다.

이러한 주문을 사장단에게 내린 것은 전기 · 전자산업을 세계 최강의 대열에 진입시키기 위한 조치라고 여겨진다.

이 회장이 강조하는 준비경영론의 실체는 무엇일까? 바로 '월드 베스트 전략'이다. 이를 위해 그는 계속 질문을 던진다.

첫째, 한국 기업이 과연 일본 전자 기업을 앞서 갈 수 있는가?
둘째, 일본 기업들은 중국시장을 어떻게 보고 있는가?
셋째, 삼성이 리딩컴퍼니Leading Company가 되기 위해서는 어떤 변화가 필요한가?

이건희 회장은 2002년 여름 한 달간 일본에서 시장조사와 분석을 끝낸 뒤, 8월 20일 전기 · 전자계열 사장단 회의를 소집하여, 위와 같은 질문을 함과 동시에 준비경영론을 역설하였다.

또한 윤종용 부회장, 이학수 그룹 구조조정 본부장, 이윤우 삼성전자 디지털 디바이스 네트워크 총괄사장 등 23명의 삼성 수뇌진이 모인 자리에서 이 회장은 다음과 같이 강조했다.

"시장의 팽창 속도가 워낙 빠르고 규모가 거대한 만큼, 미리 대비해야 한다. 이를 위해서는 신수종사업이 반드시 필요하다. 준비하지 않는 기업은 기회가 와도 소용이 없다."

이건희 회장의 이 같은 예측은 적중하였다.

2002년 1조 6천억 달러였던 세계 전자시장은 2010년에는 2조 6천억 달러로 무려 1조 달러 이상 성장했다. 즉 연평균 6.3%의 성장을 이룬 것이다. 반도체의 경우는 성장속도가 가장 빨라 연평균 10.7%, 정보통신은 8.1%, 디지털 미디어는 6.3%, 전자부품은 4.5%, 생활가전은 2.3% 등에 달하였다.

삼성은 2005년에 세계 일등제품 30개를 만들었다. 특히 신수종사업으로 2010년에는 중급 수준의 지능을 갖춘 64기가 반도체를 개발할 예정이었다. 그런데 이를 5년 빠른 2005년에 완성하였다.

64기가 반도체는 웬만한 잡일이나 심부름을 하는 3D 산업로봇에 반드시 필요한 것이다. 즉 로봇이 가정의 필수품으로 자리 잡는 시대에 대비한 것으로; 이러한 노력을 기울인 결과 세계

시장을 장악할 수 있었다.

이건희 회장은 계속적인 연구를 하도록 독려하고 있으며, 10년간 5조 원 이상을 투자하여 대량생산체제를 갖추도록 할 계획이다.

한 명의 천재가 10만~20만 명을 먹여 살린다

21세기 세계 최고의 기업이 되기 위해서 삼성이 추구하는 가장 중요한 전략의 하나가 바로 '지적知的 창조력 시대에 대응하는 인재 찾기'이다.

200년 전 아니 150년 전만 해도 평민 10만~20만 명이 군주와 왕족을 먹여 살렸다. 하지만 21세기는 탁월한 한 명의 천재가 10만~20만 명의 국민을 먹여 살리게 된다. 즉 인재 경영시대, 지적 창조력 시대가 온다는 것이다.

따라서 초일류기업으로 도약하기 위해서는 인재를 조기에 발굴하고 체계적으로 키워낼 필요가 있다.

일본이 10년이라는 오랜 기간 동안 불황에 빠지고 기업의 국제경쟁력이 떨어진 원인도 인재 육성을 제대로 못했기 때문이 아니었던가.

인재 육성에 대해 이건희 회장은 다음과 같이 자신의 생각을 밝힌다.

첫째, 국적 · 성별을 초월한 인재를 채용하라. 인력 채용의 무국적주의無國籍主義를 표방하고, 전 세계에 포진해 있는 우수인재를 필요한 업무분야에 맞게 골라 쓰겠다는 인사방침이다. 최근 들어 그 빛을 발하고 있는데, 특히 러시아, 동유럽의 기초 과학자를 영입하기 위해 꾸준히 노력하고 있다.

둘째, 차세대 핵심인력 발굴 및 기존 핵심인력의 역량을 강화하라. 직원들 가운데 차세대 핵심인력을 발굴 · 육성하기 위하여 삼성 MBA 제도를 도입하고, 과장 · 차장급 중에서 지원자를 대상으로 선발한다. 그리고 MBA를 취득한 사람에 대해서는 그룹 차원에서 차세대 리더 혹은 CEO로 키워나간다.

셋째, 인재를 발굴하고 양성하라. 인재의 조기양성을 위해 이공계 대학생을 지원하거나, 고등학교 3학년 가운데 일본, 중국 등의 유수한 대학에 입학하는 학생을 조기발굴하여 장학금을 지원한다는 것이다.

이건희 회장은 어느 누구보다도 세계적인 천재들을 잘 알고 있으며 그들의 동향을 계속하여 주시하고 있다. 예를 들면, 노벨 상을 받은 학자 샐러리맨 다나카 고이치田中耕一, 컴퓨터 역사를 다시 쓴 빌 게이츠William H. Gates, 인도 실리콘밸리의 신화를 창조한 아짐 프렘지Azim Premji, 빛의 혁명을 준비하는 나카무라 슈지中村修二, 게임기 시장의 돌풍 SONY의 쿠다라기 켄久 良木健, 최초의 천재 해커 앨런 튜링Alan Turing, 인터넷의 대명사 야후의 제리 양Jerry Yang, 楊致遠, 굿윌그룹의 황제 오리구치 마사히로折口雅博, 선저우 5호神州五號 유인우주선의 총설계자인 치파런戚發軔, 엔지니어 출신 사장인 혼다의 후쿠이 다케오福井威夫 등 세계의 천재들의 생애와 정신, 리더십, 사상, 노력 등을 관심 있게 살피고 있는 것이다.

삼성이 원하는 핵심인재 유형은?

여기에서 삼성그룹이 원하는 핵심인재 유형은 어떠한 자질과 능력을 갖춘 사람인지 살펴볼 필요가 있다.

첫째, 변화와 혁신을 주도하고, 꿈을 가지고 키우면서 그 꿈을 실현할 줄 아는 인재로서 열정과 자신감으로 미래를 개척해나가고 창의적 사고, 도전정신으로 지식사회를 리드할 수 있는 인재를 원한다.

둘째, 21세기 새로운 시대에 필요한 지식과 정보를 습득하고, 핵심역량 확보를 위해 꾸준히 공부해서 혁신적 아이디어를 제시할 줄 아는 인재를 원한다.

셋째, 글로벌 역량과 소양을 개발하기 위해 부단히 노력하고, 투철한 가치관과 조직관을 갖춘 인재를 원한다.

넷째, 인간미와 도덕성을 겸비한 사람으로서 타인과 협조할 줄 알며, 사회구성원으로서 책임과 역할을 다하는 인재를 원한다.

이건희 회장은 위와 같이 21세기의 인재상人才像과 삼성그룹의 실제 인재상을 규정하고 사장단에게 자신의 뜻을 밝혔다.

"나도 경영업무의 50% 이상을 핵심인력 확보와 양성에 쏟을 것입니다. 사장단 여러분의 인사평가 점수를 100점으로 했을 때, 40점은 핵심인력을 얼마나 확보하고 양성했느냐로 평가하겠으니 명심하시오."

삼성전자의 경우 당시에 박사학위 소지자가 1천 2백여 명, 외국에서 경영학 석사학위와 MBA를 취득한 인재는 3백여 명이었다. 이런 추세라면 앞으로 삼성그룹의 석 · 박사학위를 소지한 인재는 총 5천 5백여 명에 달할 것으로 예상된다. 실로 대단하지 않은가?

하지만 이런 인재들은 아무 노력 없이 얻을 수 있는 것은 아니다. 특별한 능력이 있는 인재를 영입하기 위해 임원들과 삼성전자 인재개발연구소의 해외채용팀은 지금도 전 세계를 주시하고 있다.

하지만 아무리 삼성이라고 해도 인재 개발에 허와 실이 없을 수는 없다. '삼성의 사관학교'로 통하는 삼성인력개발원에도 개선할 점이 있다. 한 가지 전문 분야에만 정통한 'I자형' 인재보다 전문 분야는 물론 다른 분야까지 폭넓게 아우르는 복합적이고 종합적인 사고思考와 능력을 지닌 'T자형' 인재 발굴이 필요하며, 그들이 회사를 떠나지 않도록 하는 'Mento후견인 제도' 또한 도입되어야 할 것이다.

기업에는 꿈을 가진 인재가 많아야 한다. 하지만 삼성에 입사한 직원 모두가 그처럼 커다란 꿈을 가지고 있는지 반문하면서, 인재 유치에 새로운 이정표를 찾아야 할 것이라고 생각한다. 인사전공 및 윤리경영 교수로서의 견해이다.

또한 인재 발굴 및 육성도 중요하지만, 그들이 일할 수 있고, 성장할 수 있고, 또한 보람을 가질 수 있도록 '벽을 허물라'고 충고하고 싶다.

제 2 부
선진국을 보고 배워라

학창시절 그리고 러브스토리

이건희는 삼성의 창업자 호암 이병철의 3남 5녀 가운데 3남으로 태어나 후계자로 선정되었다. 오늘의 삼성그룹을 이끌어가는 목계경영사상의 세계적인 CEO가 된 것이다.

삼성이라는 굴지의 그룹 후계자로 선정되었으니 어찌 세간의 관심이 폭발하지 않았겠는가?

"아버지가 좋아하는 아들이니까 당연히 후계자가 되었을 거야."

"운이 좋았던 거겠지."

"아버지의 사랑을 독차지했을 거야. 그런데 장점이 무엇이었을까?"

"아들로는 막내니까… 막내가 사랑받잖아."

"그렇지만 딸들도 똑똑했을 텐데! 왜 일곱째냔 말이야."

많은 이야기가 있었지만, 장남도 차남도 아닌 이건희가 삼성그룹의 후계자로 지목되기까지 선친과 그의 가솔들, 삼성의 창업동지들은 그룹의 후계자로서 자질과 능력을 갖춘 인물을 찾기 위해서 수없이 고심을 하였다고 전한다.

과연 이건희는 어떤 소년 시절을 보냈으며, 어떻게 공부를 하였고, 어떻게 부모 마음에 드는 아들이 되었기에 삼성의 후계자가 될 수 있었는지, 지금부터 그 비하인드스토리를 알아보기로 하자.

이건희의 출생과 가계家系

이건희는 1942년 정월 경남 의령군 정곡면 중교리에서 태어났다. 부친 이병철과 모친 박두을朴杜乙 사이에는 모두 팔 남매가 있었는데, 이건희는 일곱째이자 셋째 아들이었다.

그의 위로는 이맹희, 이창희 등 두 명의 형과 이인희, 이숙희, 이순희, 이덕희 등 네 명의 누나가 있고, 밑으로는 여동생 이명희가 있다.

그는 경주 이씨로, 조선 연산군 때 16대조가 경남 의령군 중교리에 가속을 이끌고 낙향하였다. 16대조 후에도 대과大科에 급제하여 관직에 오른 분도 있었으나 정치와는 무관한 포의布衣 선비로서 전원생활을 이어온 것 같다.

증조부 이홍석李洪錫, 1838~1897 공의 호는 문산文山이며, 당시 영남의 거유巨儒 허성재許性齋 선생의 문하로 시문과 성리학에 매우 능했다고 한다. 자신의 호를 딴 『문산문집文山文集』 등을 간행한 것으로 미루어보아 증조부의 학문은 무척 깊었음을 알 수 있다.

"문장文章은 경국經國의 대업大業이며, 불후不朽의 성사盛事이다. 사람의 생명生命이나 영화榮華는 유한有限하지만 문자文字의 생명生命은 무한無限하다. 그 문장은 남의 모방模倣으로 되는 것이 아니라 인격 그 자체의 발로이다."

이건희 회장의 조부 술산述山 이찬우李纘雨, 1874~1957 공은 조부로부터 자주 이러한 가르침을 받았다고 전한다.

술산은 훗날 기독교청년회의 회원으로, 대통령이 된 이승만 박사와 친분을 나누기도 하였다. 이러한 인연으로 이병철 회장은 6·25전쟁이 끝난 후 이승만 대통령을 만날 수 있었던 것이다.

이건희 회장의 모친 박두을 여사는 경상북도 달성군 묘동에

고향을 둔 사육신死六臣 박팽년朴彭年의 후손인 순천順天 박씨 기동 공의 넷째 딸이다. 유교를 숭상하는 가문에서 전통적인 부덕婦德을 배우고 성장하여 예의범절을 지키고 자녀양육에 헌신함으로써 대소가大小家가 두루 화목하게 만들었으며, 남편이 재벌임에도 사치와는 거리가 먼 수신제가修身齊家의 자세에 흐트러짐이 없는 부인이었다고 전한다.

김 다섯 장과 삶은 달걀 하나

이건희 회장은 대구에서 유치원에 입학하던 날을 잊지 못한다고 한다.

"유치원에 입학하던 날, 어머니는 제게 김 다섯 장과 삶은 달걀 한 개를 더 주셨어요. 형이나 누나보다 더 주신 거죠."

이건희 소년이 장년이 되기까지 그날을 잊지 못하는 것은 어머니의 깊은 사랑을 느낀 때문이다. 이건희는 늘 어머니의 사랑이 그리웠다고 한다. 가지 많은 나무에 바람 잘 날 없다고, 더구나 당시에 왜 그렇게 어머니와 아버지는 바쁘셨는지…….

청년 시절 방황하던 부친은 셋째가 태어나서야 정신을 차렸고, 팔 남매 모두를 돌봐야 했던 어머니는 셋째 아들에게만 관심을 가질 수가 없었기에 이건희는 늘 부모의 사랑에 굶주렸던 것이다.

어머니는 근검절약이 생활화된 분이었기에 헤픈 씀씀이는 용납하지 않았다. 따라서 김 다섯 장과 달걀 한 개는 그야말로 별것 아니지만 팔 남매 가운데 유독 이건희에게만 더 주었다는 것은 결코 쉽지 않은 일이었으리라.

"그것은 배려였고 모정이었지요. 가없는 어머니의 사랑을 느꼈습니다."

그 후 부친은 사업으로 몹시 바빴고, 누나와 형들은 학업 때문에 뿔뿔이 흩어져 살았다. 온 가족이 처음으로 한 자리에 모두 모인 것은 이건희가 중학교 3학년 때였다.

"그날, 온 가족이 함께 모인 것을 기념하기 위해서 가족사진을 찍었어요."

초등학교 전학만 여섯 차례

삼성그룹 이건희 회장의 어린 시절은 썩 평탄하지 않았다. 초등학교 때만 무려 여섯 번의 전학을 했으니 말이다. 한국 제일의 재벌 아들이 무슨 이유로 여섯 번이나 전학을 했을까? 그것도 초등학교를. 대부분 의아해할 것이다.

1947년 5월, 이병철은 가족과 함께 서울 종로구 혜화동 163의 25번지의 60평짜리 집으로 이사를 했고, 이듬해인 1948년 종로 2가에서 무역회사 삼성물산 공사를 설립하였다. 그해 소년 이건희는 혜화초등학교에 입학하였다.

이건희가 초등학교 2학년 때인 1950년, 6 · 25 전쟁이 발발하였다. 서울 시민들은 대개 남쪽으로 피난을 갔는데 보따리를 지거나 들고, 또는 우마차에 짐을 싣고 가는 행렬이 줄을 이었다.

하지만 북한군이 3일 만에 서울을 점령하였기에, 이건희의 가족은 미처 피난을 가지 못했다. 게다가 한강다리가 끊어졌다는 소식을 듣고, 무슨 일이 생기면 모두가 함께 죽기로 맹세하고 의연히 대처하기로 했다.

공산 치하 3개월 동안, 식구들은 숨도 제대로 쉬지 못하고 엄청난 고통과 수모를 겪으면서 지내야 했다.

어느 날, 완장을 두른 내무서원들이 집에 들이닥쳤다. 이건희의 아버지 이병철이 자본가라는 이유 때문이었다. 이병철은 '자본가'라는 오명汚名을 쓴 채 수시로 그들에게 불려 다니며 치욕을 겪었다고 한다.

그 기억이 얼마나 끔찍했던지 이건희 회장은 지금도 가끔씩 완장을 차고 회사의 행사에 참여하는 직원들을 보면, 6 · 25 때의 내무서원들이 생각나고 당시의 일들이 떠오른다고 한다.

당시 집에는 이건희가 좋아하던 자동차–1948년형 시보레 Chevrolet–가 있었는데, 북한 공산군에게 징발당했고 남노당의 총책이었던 박헌영朴憲永이 타고 다녔다고 한다.

불안한 나날을 보내던 이건희 가족은 1950년 9월 28일, 더글러스 맥아더Douglas Macarthur 장군의 인천상륙작전이 성공을 거두어 서울이 수복되자 마산으로 내려갔다.

소년 이건희는 그곳에서 초등학교를 다니다가 대구로 전학을 갔다. 그리고 아버지가 부산의 동광동으로 자리를 옮겨 고철 수집업, 설탕과 비료수입업 등의 사업을 시작했기에 다시 이사를 했고, 이건희는 부산에서 학교를 다녔다.

부산에서는 두 번 전학을 했다. 그리고 1953년 부산사범부속초등학교 5학년 때 일본 초등학교로 옮겨서 이건희는 초등학교 때만 여섯 번이나 전학을 한 것이다.

비단 이건희뿐이 아니다. 당시 한국의 소년들은 동족상잔의 6 · 25전쟁으로 인해 이리저리 피난을 다니면서 수없이 학교를 옮겨 공부를 해야만 했다. 그러한 그들이 오늘의 대한민국을 세계에 우뚝 서게 한 주인공들임을 기억해야 한다.

"건희는 좀 유별난 아이였어요. 당시에는 값이 너무 비싸서 꿈도 못 꾸던 비행기며 레일 위를 달리는 모형기차 등을 가지고 놀았거든요. 집이 부유했으니까요. 그런데 묘한 것은 그 비싼 장난감을 꼭 뜯어보고 다시 맞추고 하는 것이었어요."

부산사범부속초등학교 시절, 소년 이건희와 4, 5학년을 같이 다녔던 전 한겨레신문 권근술權根述 사장은 이렇게 회고한다.

이와 같은 그의 버릇은 과학적 사고의 결과로, 처음에는 호기심에서 시작한 것이었지만 성장하면서도 지속되어 취미가 되다시피 했다. 항상 '저 장난감은 어떻게 움직이는가?'를 생각하며 뜯어보고, 고장난 곳을 고치고 조립하다가 나중에는 카메라나 VTR 심지어 자동차까지 분해하고 조립하게 되었다. 이러한 취미는 그가 과학적 태도와 지식을 갖추게 된 바탕이 되었다.

장난감을 가지고 놀다가 분해하고 다시 조립하는 것을 빼면 초등학교 시절의 이건희는 말수가 적고 혼자서 골똘히 생각에 잠기거나 하는 내성적인 성격의 아이였다. 이 점은 부친 호암 이병철도 비슷했다고 한다.

선진국을 보고 배워라!

이건희가 부산사범부속초등학교 5학년 때인 1953년, 부친은 일본 도쿄초등학교로 유학을 권했다. 권했다기보다는 일방적인 명령이었다는 표현이 맞을 것이다.

"선진국을 보고 배워라!"

이병철 회장이 아들 이건희를 일본으로 보내면서 건넨 한마디에는 모든 것이 담겨 있었다. 선진국인 일본의 문화를 익히고 나아가 기술과 경영을 배우라는 것이었다.

이미 큰형 이맹희는 도쿄대학교 농과대학에 다니고 있었고, 둘째 형 이창희는 1952년 일본 유학생 1기로 효성그룹의 조석래 회장과 함께 귀족학교인 학습원을 거쳐 와세다대학교를 다니고 있었다.

일본으로 건너간 이건희는 둘째 형 이창희와 함께 숙식을 하면서 도쿄의 초등학교를 다녔고, 큰형은 학교가 멀어서 따로 나가 하숙을 하였다.

『호암자전湖巖自傳』에는 장남을 비롯하여 세 아들 모두를 일본에 유학시킨 것은 전후戰後 어수선한 한국에서 교육받는 것보다 비교적 안정되고 선진국이었던 일본에서 배울 것이 많으리라는 판단 때문이라고 기록하고 있다.

그러나 당시 이건희는 겨우 열두 살의 어린 학생이었다. 언어도 다르고 낯설고 물 설은 타국 땅에서 적응하기란 어른도 쉽지 않은데 철도 들지 않은 나이의 어린 소년이 얼마나 힘들었을지는 능히 짐작할 수 있으리라. 특히 부모와 헤어져 살아야 한다는 사실은 크나큰 외로움으로 작용했다.

조센진이라는 차별

처음 1년 동안에는 일본어를 배워야 했다. 하지만 한국에서도 초등학교를 다섯 군데나 옮겨 다녔기에 공부의 기초가 제대로 잡혀 있지 않아 무척이나 애를 먹었다.

말도 통하지 않고 문화도 다른 이국異國땅. 더욱이 당시 일본인은 한국을 전쟁과 가난으로 얼룩진 후진국으로 여기고 있었고, 한국인을 '조센진'이라고 비하하며 차별을 했기 때문에 친구를 사귈 수도 없었다.

이 같은 기억 때문인지 그는 일본과의 경쟁에서 무엇이든지 이기고 싶어 했다. 그때부터 그는 애국자의 혼을 알게 되었고, 일본을 이기기 위해 한국 경제를 발전시켜야 하며, 일본인보다 우리 국민이 더욱 잘 살아야 한다고 생각하게 되었다.

하지만 그러한 각오도 외로움을 달래줄 수는 없었다. 어리광을 피울 부모도 없었고, 함께 살던 둘째 형과는 아홉 살이나 차이가 났기 때문에 대화를 나누거나 함께 놀 수도 없었다.

어느 인터뷰 기사에서, 이건희 회장이 당시를 회상한 내용을 보고 눈시울이 뜨거워진 적이 있다.

"친구도 없고, 함께 놀 상대도 없으니 혼자 생각을 많이 하게 되었지요. 모든 것을 깊이 생각하는 습관은 그때 길러진 것 같아요."

외로움으로 인해 다소 일찍 철이 든 그는 스스로 자신의 빈 구석을 채워줄 방안을 찾았다. 그것은 바로 골프였는데, 아버지의 권유와 도움이 크게 작용했다.

이병철 회장은 아들 이건희에게 골프 레슨을 받도록 했다. 1950년대 초 일본에서 처음으로 골프를 배운 이병철은 골프 예찬론자였기에 아들로 하여금 일본 일류 골프선수에게 직접 배우도록 했으며, 당시로써는 값이 비싼 골프채 등의 장비를 사주는 등 돈을 아끼지 않고 지원했다.

그것은 외로움을 잊고 체력을 단련하라는 것 외에 다른 뜻도 있었다. 골프를 이해하게 되면 세상의 이치를 알게 된다고 생각했기 때문이다.

이병철 회장은 골프에 대해 남다른 지론을 가지고 있었다.

"골프의 최종 목표는 작은 홀에 공을 집어넣는 것이다. 이를 위해서는 잔디 상태는 물론 기온과 풍향까지 치밀한 계산을 해야 하고 힘의 강약을 적절히 분배해야 하며 마지막 순간까지 담대함을 잃지 말아야 한다. 그리고 생각대로 공이 홀에 들어갔을 때의 희열은 무엇과도 비교할 수 없다. 그것은 곧 세상을 살아가는 이치와 같다."

소년 영화광

일본 유학시절, 이건희는 영화에도 심취했다. 일본에 머무는 동안 1,200편이 넘는 영화를 보았다고 한다. 1,200편이라면 그 무렵 일본에서 10년 동안 제작된 영화의 수와 같다. 더욱이 3년이라는 길지 않은 유학기간 동안 이처럼 엄청난 수의 영화를 보자면 거의 매일같이 영화를 보았다는 이야기다.

어떻게 그런 일이 가능할까? 그것은 외로움을 잊기 위해 그 스스로 찾아낸 방법이었다. 외로움으로부터의 도피, 편견과 차별로부터의 피난처를 마련한 것이다.

어느 날 우연히 영화관을 찾게 된 그는 마치 보물섬을 발견한 것 같았다고 한다. 비록 말을 잘 알아듣진 못했지만, 화면 속 배우들의 표정과 동작을 보면 많은 부분을 이해할 수 있었기에 문제가 될 것은 없었다.

영화도 재미있었지만 그보다 좋은 것은 누구의 간섭도 받지 않고 차별당하지도 않았다는 것이었다. 영화관은 어쩌면 어린 이방인異邦人이 시간을 보내기에 가장 알맞은 장소였을 수도 있다.

그는 수요일과 토요일 오후, 그리고 일요일과 휴일에는 극장에서 살다시피 했다. 영화를 많이 보니 언어도 쉽게 익힐 수 있었다. 일본어와 영어를 익혔고 영화가 보여주는 인생과 철학 또한 배울 수 있었다.

고전부터 현대물에 이르기까지 다양한 영화를 보았는데, 어느 정도 시간이 지나자 자신만의 독특한 감상법을 만들어내게 되었다고 한다. 즉, 같은 영화를 한 번은 주인공의 입장에서 보고, 다음에는 조연의 입장에서 보는 식으로 수차례 되풀이해서 관람하며 그들의 입장과 애환을 느끼곤 했던 것이다.

이처럼 어린 시절부터 영화를 보는 특별한 소양을 갖추게 된 그는 지금도 영화, 특히 다큐멘터리에 관한 한 마니아 수준이다. 국내에서 방영된 다큐멘터리는 거의 빼놓지 않고 보았다고 한다.

1980년대 그는 1만 개가 넘는 비디오테이프를 가지고 있었는데, 침실이 반 이상 찰 정도였다고 한다. 그가 훗날 매스컴에 관심을 갖게 된 것, 한국의 기업으로서는 처음으로 공익광고를 제작한 것, 스티븐 스필버그Steven Spielberg와 함께 영화 합작사업에 나선 것 등은 모두가 어릴 때부터 영화에 관심을 가지고 체계적인 지식을 습득했기 때문인 것으로 생각된다.

열심히 골프를 배우고, 틈만 나면 영화관을 찾았지만 외로움이 쉽게 가시지 않았다. 서로 눈을 마주보며 이야기를 나누고 마음을 교류할 수 있는 친구가 필요했다. 그렇다고 일본인 친구를 사귀고 싶지는 않았다.

그래서 중학교 1학년 때부터는 개를 기르기 시작했다. 처음 기른 종種이 페키니즈Pekinese였는데 정이 듬뿍 들었다. 비록 말을 하진 못하지만 커다란 눈으로 자신을 쳐다보는 모습에서 그리고 따뜻한 체온을 느끼며 많은 위로를 받을 수 있었다.

이때부터 비롯된 그의 애견 취미는 진돗개 기르기로 발전하였다. 1979년 우리나라에 '진돗개애호협회'를 창설하고, 1983년 까다롭기로 소문난 '세계견종협회'에 진돗개를 공식적으로 등록시키도록 애를 썼다.

현재 삼성이 맹인을 위한 맹도견 훈련을 하고, 보급하는 것도 그의 이러한 배경에서 비롯된 것이리라.

레슬링 선수, 후일 IOC 위원이 되다

이건희의 일본 유학은 3년으로 끝났다. 초등학교 5학년, 6학년, 그리고 중학교 1학년 이렇게 3년을 일본에서 보낸 뒤 귀국하여 서울사대부속중학교에 편입하였다.

중학교를 졸업하고는 서울사대부속고등학교에 입학하였는데, 그는 특이하게도 레슬링부에 들어갔다. 워낙 스포츠를 좋아하기도 했지만, 당시 유명했던 레슬링 선수 역도산力道山의 경기를 보고 매료된 때문이었다.

고등학교 2학년 말까지 열심히 체력과 기량을 닦았고, 웰터급 선수로서 전국대회에 나가 입상을 하기도 했다.

나이가 들어 기업을 운영하면서 사나흘씩 밤을 새우고 10시간의 마라톤 회의를 주재할 수 있었던 것, 골프 연습장에서 무려 1,500여 개의 공을 칠 수 있었던 것 모두가 레슬링으로 단련된 체력 덕분이라고 한다.

하지만 어느 날 레슬링 연습 중에 눈가에 부상을 입었고, 가족들은 더 이상 운동을 하지 못하도록 하였다. 결국 그는 레슬링을 그만두고 대학 진학을 위해 공부에 전념한다. 그러나 레슬링에 대한 애정이 사라진 것은 아니었다.

“아마도 IOC 위원이 되고 싶다는 꿈은 그때부터 가졌던 것 같아요. 제 자신이 직접 운동도 했으니까요. 1996년 애틀랜타 올림픽 때 비로소 그 꿈을 이루었죠.”

훗날 레슬링협회 회장이 되어 비인기종목이었던 레슬링을 아낌없이 지원하여, 1988년 서울올림픽에서 금 2개, 은 2개, 동 5개라는 메달을 획득하도록 한 것도 모두 이러한 인연 때문일 것이다.

승마, 탁구, 골프 등을 즐기는 만능 스포츠맨이었던 그는 미식축구팀, 탁구팀도 창단하여 우리나라의 스포츠 발전에 기여했으며, 정정당당한 스포츠정신을 기업에 도입하여 큰 성과를 거두었다.

1993년, 그가 ‘제2창업’이라는 기치를 내걸고 신경영을 주장할 때도 다음과 같이 스포츠정신을 강조했다.

“글로벌시대에 우리는 불굴의 스포츠정신과 공정한 게임의 룰에서 경영을 배울 필요가 있다. 심판이 없는 골프에서는 자율을 배우고, 야구에서는 팀워크를 배우며, 럭비에서는 투지를 배워야 한다. 기업은 또한 근대 5종 경기에 비유할 수 있다. 기술에 대한 지식, 경영에 대한 감각, 컴퓨터에 대한 관심, 제1외국어, 제2외국어 등 5가지가 기업인으로서 갖추어야 할 덕목이다."

별종別種 고등학생

서울사대부고 재학 시절, 이건희는 레슬링 선수로 활동했다. 하지만 그것이 전부는 아니었다. 과연 그는 어떤 생각을 갖고 있었으며, 어떤 행동을 하였는지 궁금하지 않을 수 없다.

지금부터 이야기하는 내용은 그와 서울사대부고 동창이었던 홍사덕洪思德 전 국회의원이 『월간조선』과의 인터뷰에서 밝힌 회고를 바탕으로 한 것이다.

고등학생 이건희는 늘 깊은 생각에 빠져 있었다. 생각이라기보다 묵상에 가까웠다. 사춘기 예민한 나이임에도 지금처럼 무표정한 얼굴로 말이 없었다. 친구들이 말을 걸어도 겨우 '응', '아니야' 정도의 짧은 대답만 할 뿐이었다.

게다가 동작도 느릿느릿했고, 큰일이 생겨도 결코 놀라는 법이 없었기에 친구들은 이렇게 말했다고 한다.

"벼락이 내리쳐서 다른 놈들은 다 기절해도 너는 터벅터벅 집으로 돌아가서 다음 날 아침에나 기절할 놈이야."

이러한 그가 가끔 먼저 말을 꺼내기도 했는데, 충격적일 만큼 독특한 시각과 발상을 내비쳤다고 한다.

"미국에서 차관을 많이 들여와야 그 이해관계 때문에 우리 안보가 튼튼해진다. 공장을 지어서 일자리를 많이 만드는 게 애국하는 길이야."

이처럼 이건희는 고등학생으로서는 상상도 못했던 경제 이야기를 자주 하곤 했으며, 음악이나 미술에 관해서 이야기를 시작해도 경제, 기업경영, 국가, 인류에 관한 주제로까지 자연스럽게 이어져갔다고 한다.

하루는 이건희가 반 친구에게 느닷없이 일본 소학교 교과서 몇 권을 건네주면서 말했다.

"일본어 배워둬. 너 정도면 두어 달만 해도 웬만큼 할 거야."

당시에는 반일감정이 팽배해 있었기에 친구는 난색을 표했다.

"뭐하려고 쪽바리 말은 배우냐?"

"일본이 어떻게 변하는지를 알아야 그 속에서 우리가 가야 할 길을 찾을 수 있거든."

"될성부른 나무는 떡잎부터 알아본다."라는 말처럼 이건희는 고등학교 시절에도 남다른 시각과 생각을 가지고 있었기에 오늘날 대그룹 삼성을 이끌 수 있었던 것이다.

어머니의 눈물

고교 시절, 이건희는 어머니 박두을朴杜乙 여사와 한동안 말없이 지낸 때가 있었다.

공부를 열심히 해야 할 아들이 레슬링부에 들어가서 운동만 하니 어머니는 속이 무척 상했다고 한다. 이마가 깨지고, 온몸에 멍이 드는 격한 운동을 하는 아들이 안쓰러웠고, 성적이 떨어질까봐 걱정이 되었기 때문이다. 하지만 사춘기 한창 예민한 아들의 마음이 다칠세라 꾸중도 못하고 속만 끓이며 지내다 보니 서먹서먹해졌다. 자식과 한 집에 살면서도 이야기도 나누지 못하는 소원한 관계가 되었으니… 박 여사는 답답하기 그지없었다.

그러던 어느 날, 이건희가 뒤에서 다가와 박 여사의 어깨를 꼭 끌어안았다. 얼마 만에 느껴보는 아들의 체온이던가.

"엄마, 미안해! 공부 안 하고 레슬링만 해서. 하지만 공부도 열심히 하고 있으니 걱정하지 마."

어머니는 아들의 손을 잡으며 말했다.

"힘들지? 힘들면 언제든지 그만두어도 좋아."

이건희는 아무런 말없이 고개를 끄덕였다. 그리고 고등학교 2학년 때 레슬링부를 그만두었다. 연습을 하다가 눈썹 부위가 찢어졌는데, 이를 본 어머니는 물론 온 가족이 반대한 이유였다.

그깟 상처야 아무것도 아니었지만, 가족들의 가슴을 아프게 하면서까지 운동을 할 수가 없었다. 특히 어머니의 눈물을 볼 수가 없었다.

1988년 서울올림픽이 개최되었을 때, 어머니가 말씀하셨다.

"네가 레슬링을 한다며 도시락을 두 개씩 싸가지고 다니고, 매일 이마가 깨져서 들어오던 게 엊그제 같은데… 이제 레슬링협회 회장으로서 우승한 선수들 목에 금메달을 걸어주니 참 감회가 깊구나."

어렵고 힘들었던 서울사대부고 레슬링 선수시절을 회고하며 대견스런 아들을 칭찬한 이 말은 우리 모두의 가슴에 남을 것이다.

와세다대학, '일류'를 배우다

1961년 서울사대부고를 졸업한 청년 이건희는 연세대학교에 합격하여 등록금을 냈다. 그러나 부친은 이건희에게 자신의 모교인 일본 와세다대학早稻田大學 상학부商學部에 진학할 것을 권했다.

부친의 뜻에 따라 다시 일본으로 유학을 간 이건희는 와세다대학 상학부에 입학하여 경영학 공부를 열심히 했다. 그 시절의 노력이 바탕이 되어 이건희 회장은 현재도 삼성 내에서 일본어와 경영학을 가장 잘하는 사람으로 꼽힌다.

와세다대학은 역사를 중시하는 전통을 가지고 있었기에 이건희는 전반적으로 역사에 대한 해박한 지식을 쌓을 수 있었다. 특히 그는 일본 역사에 대해 관심이 많았고, 역사에 이름을 남긴 수많은 위인들의 지혜와 경험을 터득하였다.

그는 와세다대학에서도 상대방의 말을 끝까지 경청한 후, 자신의 의사를 조심스럽게 표현했다고 한다. 이른바 목계의 철학을 실천한 것이었다. 물론 당시에는 잘 몰랐지만 말이다.

와세다대학에 다니면서 이건희는 일류一流에 대한 깊은 관심을 갖게 된다. 그것은 비단 상품에 대한 것만은 아니었다. 오히려 일류인 사람에게 관심을 많이 가졌다. 따지고 보면 일류 상품은 일류인 사람에 의해 만들어지는 것이 아닌가.

일류 프로레슬러 역도산, 일등 마라토너 손기정 등 일류 체육인, 일류 기업인, 일류 정치인, 일류 과학자, 일류 요리사, 일류 변호사, 일류 발명가, 일류 기술자 등등 수많은 사람을 만나본 그는 일류의 정의를 다음과 같이 내린다.

"일류란 자신이나 일에 대해 열정을 가지고 자기 일에 철저한 사람이고, 자기 분야에서 최고인 사람이며, 인간미가 넘치지만 벌을 줄 때는 사정이 없고, 상을 줄 때는 깜짝 놀랄 정도로 큰 상을 주는 사람이다."

그는 일류에 대해 연구하고 그들과 어울리는 한편 골프를 비롯한 럭비, 탁구, 테니스 등 스포츠에도 열중하였다. 그의 이러한 열정은 훗날 삼성이 프로 스포츠선수들을 후원하는 선두기업이 되는 데 기여하게 된다.

공부의 요령, 골프의 철학

대학 시절, 이건희는 공부에는 큰 관심이 없었다고 한다. 하지만 결코 성적이 나쁜 것은 아니었다. 전 과목 80점 이상을 맞을 정도로 우수했다. 그것은 시험을 보기 전, 해당과목을 먼저 수강한 학생을 통해 지난 2년 동안 출제된 시험 문제를 조사 · 분석하면서 예상 문제를 만들어 공부한 때문이었다.

철저한 예상과 준비, 간결하고 정확한 답안의 실현 등 공부 역시 경제적이고 효율적으로 한 것이다.

그러나 역설적이게도 그는 학생들에게 공부는 절대 경제

적 · 효율적으로 해서는 안 된다고 말한다. 조금은 멍청하게 한없이 시간을 보내면서 생각하며 외우고, 때로는 원리를 터득하기 위하여 스트레스도 받고, 공부를 잘하는 친구에게 물어보기도 하면서… 열정을 가지고 희열을 느끼면서 노력하라고 한다.

요령을 부려 효율적으로 공부하는 것은 좋은 점수를 얻을 수 있을지는 모르지만 진정한 실력이 되지 않는다는 사실을 알고 있기 때문이다.

대학생이 되어서도 그는 여전히 영화와 스포츠에 관심이 많았다. 특히 어릴 때부터 배워온 골프의 실력을 갖추기 위해 와세다대학 골프부에 가입하였다. '세상의 이치를 골프에서 배우라.' 는 아버지의 말씀을 확인하기 위해서였다. 그는 대학 골프부에서 골프의 진수인 에티켓과 매너, 골프인의 자질 등을 배우고 익혔다.

골프는 자신의 뜻대로 공이 잘 맞아주지 않는 운동이다. 즉 자신을 엄격하게 조절해야 하며 공이 생각한 대로 맞아주지 않는다는 것을 터득하는 것이 중요하다.

"골프는 잘 치는 것도 중요하지만 결국 자신과의 싸움이라는 것을 터득해야 한다."

이건희 회장은 기업을 경영하는 것도 골프와 크게 다르지 않다고 본다.

기업의 목표는 이익을 내는 것이다. 그런데 이익을 낼 수 있는 좋은 상품을 만들기 위해서는 인재와 기술이 필요하고, 공장을 만들어야 한다. 또한 제품이 생산되고 나서도 수많은 경영요소들과 싸움해야 한다.

골프도 마찬가지이다. 잔디 상태는 물론 바람과 지형도 생각해야 하고, 자신의 능력도 가늠해야 한다. 감독도 없고, 스코어도 스스로 적지만 남이 보건 보지 않건 에티켓과 룰을 지키면서 한 타 한 타 점수를 쌓아가는 신사의 스포츠이다. 정도正道를 걸으며 자신과 싸우는 태도가 중요한 것이다.

하지만 그런 바른 이치를 알고, 골프를 치는 사람이 어디 있겠는가? 그러다 보니 땅덩어리가 좁은 우리나라에서 골프를 치면, 사람들은 상류층으로 인식하여 손가락질을 하고, 마치 빈부양극화현상의 실체처럼 여긴다.

미국에서는 정년퇴직하고 생을 즐기는 사람, 건강이 좋지 않은 사람들이 골프를 즐긴다. 맑은 공기를 마시며 장시간 걷고 때로는 순발력을 발휘하니 이보다 더 좋은 운동이 어디 있겠는가.

학회나 아름다운 모임, 절친한 친구와 담소를 나누면서 옛날의 정을 이어가는 아름다운 정경… 이런 것이 진정 골프의 참맛일 것이다.

그러나 우리나라 사람들의 골프에 대한 인식은 매우 좋지 않다. 스포츠를 빙자하여 정경유착이나 뇌물수수 등 부패하고 비윤리적인 행위가 이루어지기 때문이다.

조지워싱턴 경영대학원, 자동차에 심취하다

와세다대학 상학부를 졸업한 청년 이건희는 미국으로 건너가 조지워싱턴 경영대학원에 입학했다. 조지워싱턴대학교는 미국 대통령을 지낸 빌 클린턴Bill Clinton의 모교이자 미국 동부의 명문대학이다.

이건희는 그곳에서 경영학을 전공으로, 경제학과 신문방송학을 부전공으로 공부하는 한편 자동차에도 심취했다.

어린 시절, 집에 시보레 승용차가 있어 비교적 자동차와 친숙했는데 자동차의 대국 미국에서 1년 반 동안 차를 여섯 번이나 바꿨다. 재벌 집안의 막내아들로서의 호사로운 취미가 아니라 자동차의 구조가 궁금했기 때문이다. 그는 그때마다 자동차를 분해하고 다시 조립해 팔았다. 그런데 구입한 가격보다 비싸게 판 적도 있다고 한다. 기계 만지는 수준이 이미 상당했던것이다.

자동차는 2만 개가 넘는 부품이 결합된 현대 과학의 총아寵兒이다. 앉은 채로 먼 거리를 빠르게 이동할 수 있으며, 비바람을 막아주고 더우면 냉기를, 추우면 온기를 뿜는 등 모든 것을 가능하게 하는 '마법의 양탄자'라 할 수 있다.

그는 자동차를 분해하고 다시 조립하고 수리를 하고 부품을 갈아 끼우는 작업을 하면서, 자동차공학에 관한 서적을 보며 지식을 쌓아 자동차 전문가에 버금가는 실력을 지니게 되었다.

삼성이 자동차 사업에 뛰어든 것을 보고 항간에서는 그의 자동차 수집 취미 때문에 시작된 사업이 아니냐는 호된 비판이 제기된 적이 있었다. 그러나 삼성의 자동차 사업 진출 배경에는 이와 같이 조지워싱턴 경영대학원 시절 자동차에 대한 연구에 관심을 가졌던 이건희의 남다른 애정과 전문가적 안목이 작용했음을 부인하기 어렵다.

실제로 이 회장은 전 세계에 6대밖에 없는 '부가티Bugatti 로열시리즈'의 마지막 모델인 넘버 41150의 '베를린 드 보야쥐'를 소유하고 있다. 이는 1831년에 생산된 명차 중 명차로서 당시 성능과 디자인이 세계 으뜸이었다.

자동차 제조회사의 대표 에토레 부가티Ettore Bugatti는 '엔진과 나사까지도 아름다워야 한다.'는 정신과 신념을 바탕으로 이 자동차를 만들었다고 한다.

본래 25대를 생산할 예정이었던 로열시리즈는 전 세계적인 대공황이 일어나면서 판매에 어려움을 겪자 단 6대만을 생산하였는데, 그 가운데 3대는 스페인, 루마니아, 벨기에 국왕이 샀고, 나머지 3대 가운데 한 대인 41150을 이건희 회장이 구입하였다.

1994년 5월 본래 소유주였던 미국의 도미노피자 회장이 은밀히 처분을 지시하자, 이건희 회장이 1,000만 달러당시 80억 원를 주고 구입한 것이다.

이 자동차는 미국 현지에서 차량의 최종점검과 수리를 끝낸

후 한국으로 반입되어 보관 중이다.

우여곡절 끝에 회사가 르노Renault에게로 넘어갔지만, 삼성자동차의 설립은 삼성전자, 전기기술 발전과 연계하여 자동차 산업을 21세기 미래의 핵심동력 산업의 하나로 키우고자 하는 이건희 회장의 야심찬 승부에서 비롯되었을 것으로 생각한다.

아직도 그의 자동차 산업의 사랑은 끝나지 않았다. 그의 손끝 마디마디에 끌리는 자동차 산업에 대한 애정은 남다른 데가 있지 않을까 생각한다.

이건희 회장은 경영학, 경제학을 전공했지만 기계공학에 대해서도 깊은 지식을 가지고 있다. 자동차, 엔진공학, 전자, 우주, 항공, 미래공학 등 많은 분야에 대한 관심과 지식은 청년시절부터 생성된 것으로 보인다.

청년 이건희와 미대생 홍라희

이건희가 미국 조지워싱턴 경영대학원에서 학업을 마친 것은 1966년 그의 나이 25세 때였다. 잠시 일본에 머물다가 1968년에 귀국하여 그가 가진 첫 직장은 중앙일보, 즉 동양방송이다.

그가 동양방송에 입사한 것은 부전공이 매스컴이었던 것과 무관하지 않았다.

당시 동양방송과 중앙일보는 홍진기洪璡基 회장이 운영하고 있었다.

대학을 졸업하고 이건희가 일본에 머물던 1966년 11월, 한국의 부친으로부터 연락이 왔다.

"네 신붓감과 그 아이 모친이 일본에 가니 공항에서 마중하도록 해라."

신붓감이 온다니… 맞선을 보라는 말이 아닌가. 하지만 그는 그때까지 결혼을 생각하고 있지 않았다. 배울 것도, 할 것도 많았다. 영화와 스포츠, 경제학과 경영학, 자동차 기계공학 등 앞으로 전개될 21세기의 세계적 변화에 대처하기 위해 많은 것을 익힐 필요가 있었다.

하지만 부친의 지엄한 명령을 어길 수는 없는 일. 더구나 여성들이 온다니 마중을 나가지 않을 수 없었다. 그는 연락을 받은 즉시 차를 가지고 하네다공항으로 갔고, 당시 중앙일보 회장의 장녀 홍라희洪羅喜와 그의 어머니를 도쿄의 오쿠라호텔에 모셔다 드렸다.

그때 홍라희는 서울대학교 응용미술학과에 재학 중이었는데, 외모는 물론 내면적 아름다움까지 갖춘 미인이었다.

두 청춘남녀는 금방 친해졌고 조금씩 사랑의 싹을 키워가기 시작했다.

데이트를 앞둔 청년 이건희의 머리에는 온갖 생각이 스쳐 지나갔다.

'그녀를 즐겁게 해줄 일이 없을까?'

문득 함께 영화관람을 하면 어떨까 하는 생각이 들었다. 영화라면 소년 시절부터 죽 봐온 터라 전문가가 아닌가.

신문을 뒤적여 영화를 찾던 중 '닥터 지바고Doctor Zhivago' 광고가 눈에 띄었다. 노벨문학상을 수상한 보리스 파스테르나크Boris Pasternak의 원작소설을 데이빗 린이 감독하고, 오마 샤리프, 제랄딘 채플린, 줄리 크리스티 등 명배우가 출연하여 명화로 꼽히는 작품이었다.

닥터 지바고는 '삶 자체는 끊임없이 자신을 갱신시키고 영원히 변화하는 근원적인 것'이며, 삶을 개조할 수 있다고 주장하는 혁명가들에 맞서, '삶은 신비한 생명의 법칙에 따라 살아가는 주체'라고 선언한다.

이 작품에서 삶이 변화하는 모습은 숲에 비유된다. 계절에 따라 끊임없이 변해가는 숲처럼, 그 일상이 삶 자체라고 보는 것이다. 숲이 그러하듯이 각 인생의 집합으로서 역사 또한 보이지 않는 가운데 변화하는 하나의 생명체이다. 상호 연관되어 있는 생명의 법칙이 각 개인의 삶, 역사, 자연을 지배하고 있으며, 그 가운데서 삶은 계속적으로 부활하고 있는 것이다.

극도의 혼란기인 혁명의 시대, 광활한 러시아 설원雪原을 무대로 한 편의 서사시처럼 펼쳐지는 아름답고도 슬픈 사랑 이야기는 두 청춘남녀의 가슴에 깊이 새겨질 감동과 여운을 주었다.

비록 한 편의 영화를 보았을 뿐이었지만, 두 사람은 서로 많은 부분이 일치되었음을 알았고 그만큼 더 가까워졌다.

이렇게 두 사람은 아름다운 연애시절을 거쳐 그 이듬해 결혼을 하였다.

제3부

창업의 효孝와 21세기의 경쟁력

후계자 선정 스토리

동양방송東洋放送에 입사한 이건희는 아침 8시에 출근해서 밤 10시까지 장인 홍진기 회장에게 일을 배웠다. 일찍부터 영화에 깊은 관심을 가졌고, 미국에서 매스컴 관련 학문을 배운 터라 그는 마치 솜이 물을 빨아들이듯 업무 습득이 빨랐다. 그리고 신생 방송국인 동양방송TBC을 하루빨리 궤도에 올려놓아야겠다는 생각을 즉시 실천에 옮겼다.

그는 일찍부터 TV 시청률을 올리기 위해서는 재미있는 드라마를 방영해야 한다는 사실을 알고 있었다. 드라마에서 일등을 해야 그 채널이 사는 것이다. 그는 또한 드라마를 살리기 위해서는 주연도 중요하지만 좋은 조연배우가 있어야 하고, 무엇보다 대본이 좋아야 한다고 생각했다.

이 같은 그의 드라마관觀을 바탕으로 좋은 대본과 훌륭한 배우들을 확보하여 1970년대 TBC는 KBS나 MBC에 비해 월등한 시청률을 가질 수 있었다.

어린 시절 일본에서 1,200여 편의 영화를 보고 생각하며 비판을 가했던 영화광의 실력이 여지없이 발휘되었던 것이다.

"아마 삼성의 회장이 안 되었더라면 지금쯤 영화사 사장이나 영화감독이 되었을 거예요. 새로운 것을 창조한다는 것은 무척이나 매력 있는 일이니까요."

영화에 대한 열정에서 보여준 것과 같이 그는 사업도 창의적이고 혁신적으로 끌고 나가고 있다.

이처럼 새롭고 혁신적인 것을 창조하는 데 흥미를 가진 그는 월간지 『여성중앙』과 주간지 『주간중앙』 등의 창간에 주도적인 역할을 했다. 그가 관여한 월간지와 주간지는 인기가 높았고, 시장 점유율도 수위를 차지했다.

이건희는 10년 동안 중앙일보와 TBC에서 근무하며 이사로 승진했고, 1970년대 중반에는 새로운 사업을 구상하여 추진하기도 했다. 그것은 바로 '반도체 사업'이었다.

전류의 흐름을 조절할 수 있기에 트랜지스터 집적회로 등 다양한 전자소자를 만드는 반도체半導體 컴퓨터가 등장하기도 전이요, 공학 전공자도 아닌 경영학도가 당시에 이 같은 생각을 했다는 것은 그야말로 획기적인 발상이라 할 수 있다.

1974년, 미래산업에 대한 구상을 마친 그는 TBC 이사 자격으로 부친 이병철 회장에게 반도체 사업에 진출할 것을 건의했다.

그러나 이병철 회장은 '아직은 시기상조'라고 판단했다. 왜냐하면 반도체 사업은 1개의 라인을 건설하는 데 1조 5천억 원이라는 천문학적인 자금이 들어가는 데다가 무려 500여 차례에 이르는 공정과정에서 단 한 군데라도 불량이 있어서는 안 되며, $1mm^2$를 현미경으로 보았을 때 단 하나의 먼지도 없어야 하는 초정밀 · 초청정 기술이 필요한 사업이기 때문이다. 따라서 삼성이 지금까지 해왔던 기존의 사업과는 개념부터 다른 분야이므로 리스크가 크다고 판단한 것이다.

비록 자신의 건의가 묵살되었지만 이건희는 포기하지 않았다. 그리고 자신이 10년간 모은 사재私財 4억 원을 털어서 부천의 '한국반도체'라는 작은 회사를 인수하였다.

그로부터 채 10년이 지나지 않은 1983년 삼성은 본격적으로 반도체 개발에 나섰고, 2000년대에 이르러서는 세계시장을 석권하여 한국의 이미지를 제고시키는 데 결정적 기여를 하는 효자 업종으로 발전하였다.

호암 이병철 회장의 유언장

1971년 1월의 어느 날, 삼성그룹 이병철 회장은 그의 집무실에서 고뇌에 잠겨 있었다. 인간의 수명이 무한할 수는 없는 법. 자신도 이제 나이가 들었으니 삼성을 물려줄 후계자를 선정해야 했기 때문이다.

딸들도 다섯 명이나 있고, 장남 맹희가 있고, 차남 창희가 있었다. 하지만 장남은 독단적인 일 처리로 주위와 불화가 잦았고, 차남은 어딘가 모르게 유약한 모습이 보였다.

가장 마음에 드는 것은 삼남 건희인데… 그럴 경우 온갖 잡음이 있으리란 것은 명약관화明若觀火한 일이었다. 무슨 일이 있더라도 자식 사이에 싸움이 일어나서는 안 되었다. 또한 누구를 후계자로 정하더라도 삼성의 창업공신부터 산하 계열사의 신입사원에 이르기까지 불만을 최소화해야만 했다.

드디어 결심을 굳힌 듯 이병철 회장은 펜을 들어 유언장을 작성하기 시작했다.

"장남 맹희는 경영에 흥미가 없고 인간관계가 원활하지 않으며, 차남 창희는 경영에 뜻이 없다. 이러한 뜻을 무시할 수도 없는 일이다. 삼남 건희도 당초에는 본인이 사양했으나 마지막에는 '역량은 부족하나 맡아보겠다.'는 뜻을 보여주었다. 이러한 경위로 삼성그룹의 후계자는 이건희로 정한 만큼 그를 중심으로 삼성을 이끌어갈 것이며 홍진기 중앙일보 회장이 뒷받침해서 승계해주기 바란다."

삼성그룹의 차기 계승자를 명시한 유언장이었다. 후계자는 장남도 아니고 차남도 아닌 삼남 이건희였다.

매사에 빈틈이 없는 이병철 회장은 고문변호사의 공증을 받은 후, 금고 속에 유언장을 보관했다. 그가 타계하기 16년 전의 일이다.

1971년 2월 18일에는 본인 명의로 되어 있는 주식과 부동산 등 전 재산에 대한 분배를 사장단 간담회에서 밝히고, 정리하여 모두 끝냈다. 후에 잡음을 없애기 위한 조치였다.

그로부터 5년이 지난 1976년 9월, 이병철 회장은 도쿄에 갔다가 게이오대학병원에서 건강검진을 받던 중 위암이 발견된다.

일본에서 돌아온 이병철 회장은 사위인 고려병원의 조운해 원장과 장조카인 이동희 제일병원장을 불러 게이오대학병원의 검진소견을 알리고 자문을 구했다.

재검 결과 위암이 확실했고, 그는 도쿄의 암연구소 부속병원에서 수술을 받기로 결정했다. 그리고 출국 전날 가족을 불러 모아 유언을 하였다. 그 자리에는 부인 박두을 여사, 장남 이맹희 부부, 그리고 딸들이 모두 참석했다.

"앞으로 삼성은 건희가 이끌어가도록 하겠다."

이병철 회장의 폭탄선언이었다. 당시 이건희는 그 자리에 없었다. 그는 아버지의 수술을 위해 조운해 박사, 이동희 원장과 함께 도쿄에 체류하고 있었다.

왜 삼남 이건희였나?

대학 강단에 서면 경영학을 공부하는 학생들 가운데 삼성그룹의 이병철 회장이 장남도 차남도 아닌 삼남을 후계자로 정한 이유를 묻는 학생이 많았다. 나는 아마도 다음과 같은 이유에서 선택했을 것이라고 답변하였다.

변화와 혁신, 보호와 유지의 균형 감각을 동시에 갖춘 섬김의 리더십 보유

기업을 이끌어갈 수 있는 자질과 능력을 갖춘 변혁적 리더십의 기준에 이건희가 가장 적합했기 때문에 선정했을 것이다.

삼성은 당시1987년 창업자 이병철 회장 타계 해 기준 종업원 수가 16만 명, 매출액이 17조 원, 주식시가총액이 1조 원, 수출액이 9억 달러에 달하는 국내 최고의 대기업이었다. 삼성이 흔들리면 국가의 경제가 문제가 될 수 있다는 점을 인식해야 한다.

삼성을 올바르게 보전시키는 일은 삼성을 일으키고 키워온

일 못지않게 중요하다. 전략적이고 전문가적인 인적자원관리형 섬김의 리더십과 카리스마를 발휘하면서도 온정적인 리더십을 가진 경영자가 필요했을 것이다. 그러한 점에서 이건희를 가장 이상적인 형으로 평가하였던 것이다.

'창업의 효'를 받드는 진정한 후계자

덕망과 관리능력을 갖춘 기업의 구심점으로서 이병철 회장 자신의 창업이념과 경영철학을 계승하여 '창업의 효'를 받드는 진정한 후계자가 필요했을 것이다.

이병철 회장은 다가오는 21세기 글로벌 지식경영시대에, 혁신적이고 두뇌회전이 뚜렷한 '경청과 목계'의 실험을 통해 만들어진 경영자가 필요했고, 거기에 적합한 후계구도가 이건희였을 것이다.

21세기가 요구하는 경영자의 자질

본인의 희망, 자질, 분수에 맞는 승계 등의 범위를 설정하고 보니 이에 타당한 경영능력-피터 드러커Peter F Drucker가 주장한 '21세기가 요구하는 경영자의 자질과 능력'-을 갖춘 아들이 바로 삼남 이건희라고 평가했다.

즉, 호암의 경영목표의 설정과 승계, 목표관리의 가능성, 기업 내외의 환경변화에 대응하는 위험부담의 신속한 해결능력, 전략적 의사결정 수행능력과 신념, 공통의 목표에 대한 팀워크의 조직과 활용, 경영정보체계의 신속한 경영관리 기법 구사능력, 경영관리의 미시적 · 거시적 구분을 통한 전사적 경영관리의 수행능력 등을 갖추었기 때문이라고 평가할 수 있다.

호암 이병철 회장에게 후계자를 선정할 때 장남인지 삼남인지의 여부는 중요하지 않았다. 누가 삼성이라는 대그룹을 이끌어 갈 변혁적 리더십의 자질과 능력이 있는지의 여부가 무엇보다도 중요했다.

삼남 건희는 와세다대학 상학부에서 경영학을 공부하고, 미국 조지워싱턴 경영대학원에서 경영학을 공부한 후 귀국하여 경영일선에 참여, '목계와 경청' 의 경영수업을 10년간 착실히 했으며, 아버지의 경영능력과 경영철학을 배우고, 변혁적 리더십을 익혔다.

호암 이병철 회장은 미국의 GE나 일본의 SONY가 후계자를 장남이 아닌 차남, 삼남, 또는 사위, 나아가서는 경영능력이 출중한 사원 중에서 발탁한 사례를 잘 알고 있었다『호암자전(1986)』 삼성 60년사(1988), pp. 212~214 참조.

이건희 회장의 취임과 제2창업

1987년 11월 19일 이병철 선대회장의 부음訃音을 들은 삼성그룹 사장단은 오후에 긴급회의를 열어 이건희 부회장을 제2대 회장으로 추대했다. 이건희의 나이 45세 때였다.

“이병철 회장의 서거逝去로 인한 우리들의 충격과 애석함은 말로 표현할 수 없으나 경영에 잠시라도 공백이 있어서는 안 될 것입니다. 이건희 부회장의 승계가 고故 선대 회장의 뜻일 뿐만 아니라, 부회장은 고인의 유지를 올바르게 이해하고 실천할 수 있는 최적임자라고 여겨집니다.”

당시 신현학 삼성물산 회장은 이건희 부회장을 회장으로 추대할 것을 정식으로 제의, 사장단 전원의 찬성으로 동의를 받았다.

1987년 12월 1일 오전 10시, 호암아트홀에서 이건희 신임회장의 취임식이 거행되었다. 삼성사장단 및 전 임원과 사원 대표 등 1,000여 명이 참석한 이날 취임식에서 이건희 회장은 말했다.

“위대하신 창업주를 여읜 슬픔을 딛고 일어나 삼성의 새 역사 창조에 장엄한 시동을 걸어야 하며, 그것이 바로 창업주의 유지를 받드는 길일 것입니다.”

취임한 지 3개월이 지난 1988년 3월, 삼성 창립 50주년을 맞는 자리에서 이건희 회장은 ‘제2창업’을 선언하였다. 회장이 된 그는, 21세기를 앞두고 국내외 환경이 급변하고 있는데 우리가 이래서는 안 되겠다는 걱정 때문에 밤잠을 설치며 고민한 끝에 제2창업을 선포했다고 한다.

제2창업은 삼성을 세계적인 초일류기업으로 발전시키고 사회에 기여하는 바를 획기적으로 넓히며, 나아가 삼성을 국민적 여망에 부응하는 새로운 공동체로 구축해나갈 것을 다짐하는 것이었다.

당시 제2창업정신으로 선포된 덕목은 자율경영, 기술중시, 인간존중이다.

자율경영自律經營

자신이 속해 있는 조직의 기본 틀을 지키면서 각자가 스스로 할 일을 찾아 권한을 갖고 소신껏 추진하며, 결과에 대해서도 책임을 지는 경영자세를 의미한다.

자기업무에서 제1인자가 되는 경영, 현장을 중시하는 경영, 사람을 키우는 경영 등으로 함축할 수 있다.

기술중시技術重視

기업의 국제경쟁력이 기술력에 달려 있기 때문에, 회사가 기술을 경영의 핵심요소로 인식하고, 세계적인 기술을 확보해야 한다는 것을 의미한다.

따라서 기술중시는 고객을 제일로 하는 경영, 새로운 경영을 창조하는 경영, 장인정신을 갖는 경영이라는 의미를 가진다.

인간존중人間尊重

사람을 값진 자원으로 여기며, 삼성인 한 사람 한 사람이 경영의 수단이 아니라 주체이며 목적이라고 인식하고, 밖으로는 고객과 인류에게 기여하는 것을 의미한다.

인간존중은 대화의 경영, 신바람의 경영 등으로 재정립하는 의미를 내포한다.

이건희 회장은, 한국의 헌법은 우리 마음대로 바꿀 수 없는 것이므로, 우선 삼성 내에서만이라도 바꿀 수 있는 것은 모두 바꾸어야 한다고 생각했다. 그리고 '바뀌려면 나부터 바뀌어야 되겠다.'고 생각하고 1993년 6월 7일 독일에서 가진 프랑크푸르트 회의에서 중대선언을 한다.

"올림픽 100m 달리기에서 1등과 2등의 차이는 불과 0.01초밖에 되지 않는다. 그래도 1등과 2등은 엄청나게 다르다. 다시 말해서 우리가 지고 있다는 것을 인정할 줄 알아야 한다. 우리 삼성은 지금 이류인 것이다. 더구나 가만히 놔두면 삼류, 사류 회사가 될 것 같다고 느꼈다. 그래서 프랑크푸르트 회의를 시작했다. 나는 삼성이 과거의 모든 폐습과 고정관념에서 벗어나 새롭게 도약

해줄 것을 바라고 있다. 아울러 나도 잘되지만, 나라도 잘되고, 국민도 잘되고, 내 자식도 잘되고, 후손에게도 잘해주자는 것이 목적이다. 삼성이 일류기업이 되기 위해서, 우리 모두 나부터 변할 것을 다짐하자."

인류에게 도움이 되는 기업은 영원하다

일류가 되지 못하면 살아남을 수 없는 비정한 기업계. 그렇다면 일류가 되기 위한 방법은 과연 무엇인가? 이건희 회장은 곰곰이 생각에 잠겼다. 그리고 결론을 내렸다.

"일류로 가기 위해서는 국제화 · 복합화를 이뤄야 하지만 무엇보다 시급한 과제는 인간미人間美와 도덕성道德性 회복이다."

도덕성을 회복하고 인간미를 살리지 않고서는 아무것도 할 수 없다는 것이 그의 신념이었다.

"우리는 본래 우수한 민족이고 인간미와 도덕성을 중히 여기는 민족이다. 그러나 근세 이후의 갖은 수난을 겪으며 많은 전통과 사상을 상실했고, 최근까지 획일적이고 타율적인 군사문화에 젖어서 살아왔다.

그런 와중에 우리 사회에는 기본을 중요시하지 않고, 규칙과 질서를 지키지 않는 풍조가 생겼다. 잘못된 것을 보고도 고쳐야 한다고 느끼지 못하는 도덕불감증道德不感症에 빠져 있다. 삼성도 예외가 아니다.”

인간미와 도덕성을 회복하지 못하고는 아무것도 할 수 없고, 영원히 이류, 삼류 수준에서 벗어나지 못할 것이라는 것이 바로 이건희 회장의 생각이었다. 삼성이 진정한 의미의 세계 초일류기업이 되기 위해서는 무엇보다도 먼저 임직원 각자가 인간미와 도덕성을 회복하고 예의범절을 중시하는 기업이 되어야 했다.

그러나 당시 삼성그룹 내에서는 상호불신, 개인과 집단 이기주의, 권위주의와 타율, 무소신과 무책임이라는 고질적인 병폐가 만연해 있었다.

따라서 삼성인에게 가장 시급한 과제는 이러한 인간미와 도덕성의 회복, 예의범절, 에티켓 등을 준수하는 일이었다.

이 회장은 소리 높여 ‘삼성헌법三星憲法’을 실천하도록 역설했다.

첫째, 사람은 인간적이어야 한다. 기본적으로 인간미가 있어야 한다. 그리고 도덕성과 예의범절을 중시해야 한다.

둘째, 국제사회에 나가려면 에티켓을 지켜야 한다. 인간성, 도덕성, 예의범절은 동양적 도덕이지만 기본은 만국 공통이다. 에티켓은 나라마다 조금씩 차이가 있다. 한국에 살 때는 한국의 에티켓, 일본에 살 때는 일본의 에티켓, 독일에서는 독일의 에티켓을 지켜야 한다.

"이것은 반드시 지켜야 하는 '삼성인의 약속이며, 곧 삼성의 헌법'이다. 헌법은 모든 국민이 지켜야 하는 법규의 기본이다. 모든 법률보다 우선하는 가장 기본적인 것이다. 삼성인은 반드시 삼성헌법을 준수해야 한다."

이건희 회장이 인간미, 도덕성, 예의범절, 에티켓을 삼성의 헌법이라고 하는 이유도 바로 여기에 있다. 무엇보다도 중요하고 반드시 지켜야 할 것이기 때문이다. 그러나 이를 실천하는 것은 말처럼 쉽지 않다. 그것은 정말 어려운 일이다. 그냥 결심만 한다고 되는 것이 아니다.

도덕성과 인간미를 상실한 조직에서 스스로 인간성을 회복하고, 타 부서와 자기 부서의 상사, 동료, 아랫사람을 도덕성과 인간미로 움직이도록 할 수 있는 사람이 된다는 것이 얼마나 어려운 일이겠는가.

그러나 삼성의 헌법, 삼성인의 약속은 지켜야 한다. 약속을 지키는 것, 이것이야말로 집단과 나라와 사회를 끌고 가는 기본 정신인 것이다.

"인간미와 도덕성이 결여된 조직은 결코 일류 기업이 될 수 없다. 인류에게 도움이 되는 조직이라야 영원한 것이다."

인간미: 사람이 사람다워야 사람이다

삼성헌법의 첫 번째가 된 인간미란 무엇인가? 도대체 이건희 회장은 인간미를 어떻게 생각하고 있는지… 그의 풀이는 무척이나 새롭고 흥미진진하기까지 하다.

"우리가 흔히 볼 수 있는 예로, 길을 지나가다가 옆에 가던 어린 아이가 넘어졌는데도 워낙 바빠서 일으켜주지 못할 수도 있다. 그러면 마음으로는 미안하다는 생각을 하는 것이 보통의 인간이다. 그러나 실제로 아무리 급하더라도 옆 사람이 넘어졌다면 일으켜주어야 한다. 그래야 인간적이니까. 하지만 묻고 싶다. 오늘날 우리에게 이런 인간미가 있는지를."

사람은 능력이 다소 부족하더라도 인간미가 있어야 한다. 인지상정人之常情이란 말도 있지 않은가? 사람은 같이 있으면 훈훈하고 뭔지 모르지만 좋은 감정이 느껴져야 한다.

일이 좀 서툴거나 둔해도 괜찮다. 무엇을 해내고 못 해내고는 문제가 아니다. 인간성을 회복하지 못하면 무엇을 해도 소용이 없다. 인간미가 없는 사람과는 같이 살라고 해도 못 산다. 그런 사람들은 자기만 살 궁리를 하기 때문이다.

"1조 원의 이익을 낸다 해도 인간미가 없으면 반갑지 않다. 이것이 진실이다. 인간미 없이 일류기업이 될 수 없다."

그렇다면 법만 잘 지킨다고 해서 일류기업이 될 수 있는가?

절대 그렇지 않다. 사원 개개인이 창의성을 발휘하고 좋은 아이디어를 내려면 분위기가 좋아야 한다. 대우도 중요하지만, 인간미가 넘쳐야 하고, 후배는 선배를 존경하고 선배는 후배를 아끼며 지도하는 풍토가 정착되어야 한다.

후배가 선배를 무시하고 선배가 후배를 누르기만 하는 조직이 좋아질 수 없고, 그런 조직에서 좋은 물건이 나올 수 없다.

도덕성: 양심에 부끄럽지 않게 살자

"우리 삼성의 제일 큰 문제점이 바로 도덕성 결여다. 이래서는 앞으로 어떤 조직, 나라, 국제사회는 말할 것도 없고 구멍가게조차 유지하기 힘들다."

이건희 회장은 '도덕성이란 인간의 기본 양심'이라고 정의하였다.

어떤 좋지 않은 일과 맞닥뜨리면, 반성하기에 앞서 자신도 모르는 사이에 거짓말을 하거나 변명만 하고 있지는 않은가? 이러한 사실이 잘못되고 있다는 것조차 느끼지 못하고 있는 것이 우리의 문제다.

구멍가게에서 백 원짜리 라면 한 봉지를 팔더라도 '이걸 사는 손님이 맛있게 잘 먹어줬으면 좋겠다.' 하는 마음을 가져야지, '라면이 상했거나 곰팡이가 피었거나 나와는 상관없다.'는 식이라면 절대 안 된다는 말이다. 하물며 고가의 전자제품이나 중장비 또는 온 가족이 지낼 아파트 같은 경우는 구매하는 이에게는 평생 재산일 수도 있다.

도덕성을 갖추지 못한 기업에서 좋은 물건이 나올 리도 없겠지만 설령 물건이 나오더라도 반가울 게 없다. 비도덕적인 기업, 인간미가 없는 기업의 제품을 살 사람도 없으려니와 설령 구매했다고 하더라도 사용할 때 기분이 좋을 리 없다.

직원 개개인은 스스로가 평소에 열심히 일하고 최선을 다했다고 생각할 것이다. 그러나 다시 한번 생각해보라. 혹시라도 반성할 점이 없는지를 말이다.

'나는 절대 그렇지 않아.'라고 쉽게 생각하는 사람은 도덕불감증에 걸려 있을 수도 있다. 하지만 더 큰 문제는 우리 모두가 심각한 도덕불감증에 걸려 있음에도 이러한 사실을 모른다는 것이다.

자기 것이든 남의 것이든 아껴야 하는데 모두 낭비를 하고 있다. 드라이버 하나를 찾는 데도 몇 시간이 걸리고, 매뉴얼은 어디에 있는지 찾을 수가 없으며, 부품 상자에는 부품이 정돈되어 있지 않고 뒤죽박죽이다.

남의 집에 가서도 물건이 떨어지면 주워주고 바로 놓아주어야 할 텐데, 제 직장에서 제 물건 만드는 데 필요한 도구를 함부로 다룬다면 어찌하겠는가?

누구를 속여야만, 나쁜 짓을 해야만 도덕불감증이 아니다. 당연히 해야 할 일을 지나치는 것, 잘못하고서도 양심의 가치를 느끼지 못하는 것 역시 도덕불감증인 것이다. 인간의 기본적 양심을 지키면서 부끄럽지 않게 살아보자.

예의범절과 에티켓

필자는 이건희 회장이 주장한 삼성헌법의 내용을 살펴보면서, 우리 기업경영학의 윤리에 대한 규범이며 실천행동이라고 생각했다.

예의범절禮儀凡節이란 지키지 않는다고 해서 벌을 주고, 잘 지키면 상을 주는 것이 아니다. 예의범절을 지킨다는 것은 기본 중의 기본이다. 그리고 유교가 바탕에 깔린 동양적 규범으로 개인적이고 가족적인 것이 많다. 할아버지 앞에서는 꿇어앉고, 윗사람 앞에서는 담배를 피우지 않으며, 조상을 잘 모시고, 명절 때 성묘하는 것이 우리 전통의 예의범절이다.

하지만 이는 서양의 예절에는 맞지 않는 것이다. 서양인들은 나이 고하를 막론하고 대등한 자세를 취하고, 기호품이라는 이유로 누구 앞에서나 담배를 피우며, 성묘나 차례 같은 전통도 없다.

그러나 우리는 한국 사람이다. 따라서 예의범절을 지켜야 한다. 그렇다고 조선시대처럼 하자는 게 아니다. 예의범절도 시대와 상황에 맞아야 하기 때문이다.

인간이 무인도에 살 때에는 예의범절이 필요 없다. 더불어 살아가야 하니까 질서가 필요하고 예의범절이 필요한 것이다. 그러므로 우리 집안, 우리 기업, 그룹 내, 한국 내에서는 예의범절을 좀 철저히 지키고 도덕을 중시해야 한다.

서양은 법이 앞서고 그 다음이 도덕이다. 하지만 동양은 인간미, 도덕, 예의범절이 앞서고 그 다음이 법이다. 이 점을 우리 모두 다시 한번 생각해보자.

우리의 예의범절처럼 서양에는 에티켓Etiquette이 있다. 에티켓은 프랑스어 동사 'Estiquier붙이다'에서 유래한 것으로, '나무 말뚝에 붙인 표지'라는 뜻에서 '표찰標札'이 되었고, 상대방의 신분에 따라서 달라지는 편지 형식이라는 말에서 궁중의 각종 예법을 가리키는 말이 되었다.

루이 13세의 비妃 안 도트리슈의 노력으로 15세기에 궁정 에티켓이 시작되어, 루이 14세 때인 17세기에 정비되었다. 이후 1839년에 나폴레옹이 법령으로 공식 의전의 형식을 확정하였다. 영국의 왕실과 스페인의 왕실에서는 옛날 그대로의 관례를 준수하고 있으나 그 후 민주화의 진전과 더불어 단순화되었다.

19세기 말 부르주아 사교계의 관례usage와 예의범절civilite은 오늘날 프랑스 에티켓의 기초가 되었다.

에티켓 역시 법으로 강제하지는 않으나 이를 사회적 · 문화적 환경에 따라 적절히 습득하여 몸에 익히지 못하면 그 환경을 공유하는 사람들로부터 소외당하기 쉽다.

이 같은 어원의 차이를 떠나, 예의범절은 개인과 자기 집안, 자기 사회에 관한 것이고 에티켓은 남과 만났을 때, 비즈니스맨끼리 모여 있을 때의 질서에 관한 것이라 정의할 수 있다.

한국 내에서는 예의범절만 지키면 되지만, 국제화시대 외국과 교류하기 위해서는 에티켓을 제대로 알아야 한다. 대부분 사람들은 예의범절과 에티켓을 비슷하다고 여기지만, 그 미묘한 차이를 느낄 때라야 비로소 국제감각이 조금 생겼다고 볼 수 있다.

예의범절이 있다고 해서 에티켓이 있는 것은 아니다. 그렇다고 에티켓을 아는 사람이 예의범절이 있는 것도 아니다. 예의범절이 제대로 되어 있는 사람 가운데서도 에티켓을 아는 사람이 있고 모르는 사람이 있다.

예의범절을 잘 지키더라도 에티켓이 없으면 곤란하다. 에티켓은 윗사람에 대한 예의보다도 사람들이 모인 장소에서 지켜야 할 일에 관한 것으로 우리 식으로 보자면 공중도덕에 가깝다. 쉬운 예로 식당에서 식사할 때 소리를 내지 않는 것, 골프장에서 다른 사람이 공을 칠 때 조용히 하는 것 등이 에티켓이다.

21세기는 글로벌시대이니만큼 외국 사람이 우리나라에 와서 살기도 하고, 우리나라 사람도 외국에 가서 사는 경우가 많다. 이제는 국제 에티켓도 배워야 한다. 한국의 예의범절만 고집하는 독불장군이 되어서는 안 된다.

자기 문화 못지않게 남의 문화도 존중할 줄 아는 사람이 진정한 국제인이다.

가자, 일류로!

이건희 회장은 지금도 외치고 있다. 수없이 변하라고! 그렇다. 우리 모두가 변화를 이뤄야 한다. 혁신만이 살 길인 것이다.

앞서 말했듯이 21세기 급변하는 국내외 환경 속에서 살아남는 길은 변화에 따라 적절한 성공 전략과 기법을 갖출 수 있도록 혁신하는 것이다.

삼성의 신新경영에는 '나부터 변해야 한다.'는 주제가 있다. 그런데 대체 무엇을 어떻게 변화시키라는 말인가?

무엇이든지 좋다. 우선 스스로의 양심에 비추어보아 남에게 해롭거나 타인에게 불쾌감을 주는 것 등을 전부 없애보자는 것이다. 그런 뜻에서 우리에게 가장 시급한 것이 인간미와 도덕성의 회복이며, 이를 통해 개인의 삶의 질, 조직의 질, 회사의 질, 국가의 질 등을 바람직하게 바꿔보자는 것이다. 또한 제각기 따로 가지 말고 '한 방향'으로 가자는 것이다.

변한다고 해서 개인을 버리라는 것이 아니다. 이기주의를 없애자는 것이다. 우리의 생각 자체를 바꿔보자. 그것도 철저하게 말이다. 극단적으로 얘기해서 마누라와 자식만 빼놓고 모든 것을 다 바꿔보자. 좋은 방향으로, 일류가 되기 위한 방향으로 변화를 이루어보자.

보다 나은 미래를 위해서, 선진국이 되기 위해서, 일류기업이 되기 위해서, 우리는 지금부터 변하지 않으면 안 된다.

선진국들은 우리보다 나은 기술과 조직력으로, 우리의 시장을 선점하고 있다. 만약 우리 삼성이 변하지 않는다면 영원히 이류, 삼류 회사로 전락할 것이고 국가의 선진화도 요원해질 것이다.

지금 우리나라는 세계적으로 위상이 높아졌고, 우리의 기업들도 상당한 경쟁력을 갖추고 있는 만큼 일류가 되기란 결코 어려운 일이 아니다. 서로 뜻을 모아 각자의 분야에서 한 방향으로 나아간다면 우리가 바라는 바를 이룰 수 있을 것이다.

한번 시작해보자. 하지만 세월의 흐름에 따라가서는 안 된다. 시간을 잡아야 한다. 내 라이벌이, 경쟁기업들이, 세계의 모든 나라가 변화하고 있다. 머뭇거리다간 그러한 변화에 적응하지 못하고 도태되고 만다.

시간이 없다. 다 같이 잘되는 방향으로 변화해보자.

가자, 가자. 일류로!

변화의 결과는 순환한다

이건희 회장은 '삼성이 먼저 변해야 한다.'고 역설한다.

삼성이 변해야 한다고 하지만 직원 18만 명이 동시에 변하는 것은 불가능하다. 18만 명이 어찌 동시에 변하겠는가? 그래서 생각해낸 것이 '내가 먼저 변하자.'는 것이다.

내가 변한 다음에는 누가 변해야 할까? 팀장, 실장 등 중간 간부가 변해야 한다. 그리고 사장 전무, 상무, 등 임원이 변해야 한다. 그래서 종국에는 전부가 변하는 것이다.

하지만 변한다고 말만 하면 믿겠는가? 행동으로 보여주지 않으면 안 된다. 그래서 나부터 변해야 하고, 변한 모습을 행동으로 보여주어야 한다.

내가 변해야 동료가 변하고, 동료가 변하면 팀이 변하고, 팀이 변하면 사업부가 변한다. 사업부가 변하면 회사가 변하고, 회사가 변하면 그룹이 변하고, 그룹이 변하면 사회가 변하고, 사회가 변하면 나라가 변하고, 나라가 변하면 국제사회가 변하고, 국제사회가 변하면 세계가 변하고, 세계가 변하면 인류가 변하고, 인류가 변하면… 그 혜택이 다시 자기에게로 돌아온다.

순환循環이란 이런 것이다. 그런데 이를 모르고 내가 아닌 남이 먼저 변하기만을 바란다면 변화는 요원하고 평생 이렇게밖에 갈 수 없는 것이다.

내가 한번, 지금 바로 변해보자.

남이 변하지 않더라도 내가 먼저 변하고 다른 아이가 변하지 않더라도 내 자식이 변해야 한다. 나는 편히 가만히 있으면서 회사가 해주겠지, 사장이 알아서 하겠지, 그 일은 ㅇㅇ부 소관이니까… 미루다 보면 절대 변할 수 없다.

주위가 시끄러우면 뚜껑을 꼭 닫아버리는 조개처럼 살지 말자. 이제 과감히 껍질을 깨고 밖으로 나올 때다.

나는 변했고 계속해서 변하고 있다. 매일매일 변하고 시간마다 변하고 있다. 우리 그룹을 생각하고, 사회를 생각하며, 나라를 생각하고, 인류를 생각하며 변하고 있다.

변화의 출발은 자신을 정확히 아는 것

대부분의 조직은 10%의 사람이 이끌어 간다고 한다. 그렇다고 해서 나머지 사람들이 아무것도 하지 않는 것은 아니다.

집이 작더라도 집에 사는 사람이 많지 않더라도 있을 것은 다 있어야 한다. TV, 냉장고, 세탁기 등등 갖출 것은 다 갖춰야 한다.

그러나 그 집에서 돈을 벌어 오는 사람은 주인 한 사람뿐이다. 내 집에서 돈을 버는 사람도 나 하나뿐이다. 대부분 그렇지 않은가? 그렇다고 해서 나 혼자서만 살 수는 없다. 아내가 있어야 하고 자식이 있어야 하며 도와주는 사람이 있어야 한다.

이와 같은 원리다. 자신이 회사를 끌고 가는 10%에 속한다고 해도 남 탓만 하지 말고 스스로 먼저 변해보자. 10%가 변하면 20%가 변한다. 그러면 나머지 80%는 그 영향을 받을 수밖에 없다. 그러면 조직 전체가 변할 수 있다.

내가 10%에 속한다고 생각하고 먼저 변해보자. 반드시 성공할 것이다.

변화는 자기 자신과의 약속이다. 약속은 반드시 지켜야 하는 것이며, 약속을 하고 지키지 못하면 죽겠다는 의지와 각오가 있어야 한다.

남과의 약속을 지키는 것보다 자신과의 약속을 지키기가 훨씬 어렵다. 유명 스포츠맨들도 '나 자신과의 싸움'이 가장 힘들었다거나 '내가 극복해야 할 상대는 바로 나 자신'이라고 하지 않았던가.

그렇다. 자신과의 약속을 지키기란 정말 힘들지만 반드시 지켜야 한다. 남에게 미안하고, 윗사람에게 죄송스러운 게 아니다. 자기 자신에게 맹세를 하고, 스스로 변해야 된다.

조직이나 사회, 심지어 국가도 따지고 보면 결국은 개인이 모인 것이다. 개인이란 바로 나 자신이다. 모든 것이 나부터 시작되는 것이다.

이를 위해서는 내 건강, 내 성격, 내 습관, 내 단점 등 자신을 완벽하게 알아야 한다. 나의 잘못된 습관과 약점이 무엇인지 파악하고, 그 원인이 무엇인지 자신에게 묻고 생각해보라. 자신이 고쳐야 할 점과 변화할 수 있는 방법을 알게 될 것이다.

스스로의 약점을 알고 인정한다면 그건 결코 약한 게 아니다. 내가 다른 사람보다 못하다는 걸 인정하면 그때는 그보다 못한 것이 아니다. 이제 당신은 변할 수 있다. 시간과 노력이 모든 것을 해결해줄 것이다.

금은보화가 아무리 많이 있어도 아무 소용이 없다. 인간이 인간을 믿는 것이야말로 제일 큰 재산이다. 수백 명의 지인보다도, 내가 갑자기 죽더라도 내 처자식을 자기 처자식만큼 소중하게 지켜줄 것이라는 믿음이 가는 친구 하나가 훨씬 더 중요한 재산이다.

그런데 문제는 직원 여러분들이 나 이건희를 믿지 않고 따라오려 하지 않는다는 것이다. '너는 너대로 떠들어라, 나는 나대로 하겠다.'는 식이다.

우리끼리 합쳐서 효율적인 결과를 내고 신용을 얻으려면 우선 삼성의 사람들이 나를 믿어야지, 삼성 직원들이 나를 믿지 않는데 내가 밖에 나가서 '나를 믿으시오.'라며 떠들어봐야 무슨 소용이 있겠는가?

모든 직원들이, 각 사장들이, 나를 믿고 따라야 모든 게 제대로 가는 것이다.

제일 중요한 것은 사람을 믿는 것이다. 인간이 인간을 믿을 수 없을 때 제일 비참하고 허탈하다.

건전한 비판, 변화의 힘

"사람들은 내가 선대先代 회장인 부친께 충효를 했다고 이야기하지만, 나는 비판할 것은 다 했다. 삼성의 여러분들도 나 이건희에게 비판할 것은 해야 조직이 발전할 수 있다.

높은 사람은 틀린 말을 해도 옳고, 아랫사람은 바른 말을 해도 틀렸다고 하면 발전이 없고, 오히려 퇴보하고 만다.

이제는 한 사람 한 사람이 어떻게 하면 진심으로 최선을 다하느냐 하는 것이 중요하다. 절대로 위축되면 안 된다. 아래에서 위를 향한 솔직한 의견이 나와야, 윗사람이 마음을 열고 이 같은 이야기를 들어야, 가능성이 있는 것이다.

무엇을 숨기거나 내심 찜찜하지만 체면상 말하지 않겠다는 생각은 앞으로는 없애야 한다."

이건희 회장은 또한 '모든 것을 진심으로 하라.'고 충고한다.

"부장에게 솔직히 말하라. 일반직원들이 상사인 부장, 사업부장을 비판하라는 말이다. 직원 여러분들이 나 이건희를 비판하라는 말이다.

나도 신이 아닌 이상 틀린 것도 있을 것이고 모순된 경우도 있을 것이다. 윗사람이고 아랫사람이고 틀렸으면 옆에서 고쳐주고 제대로 가도록 해줘야 한다.

회장이 잘못하거나 틀렸으면 '아 회장님, 그게 아니라 이겁니다.' 라고 지적해줘야 될 것 아닌가? 비서실에 2백여 명이 있지만 아직까지 나한테 이런 지적을 해주는 이는 한 사람도 없었다. 한국 사람은 그런 것을 예의가 바르다고 생각한다.

회장도 잘못하는 게 있고, 법을 위반하거나 비도덕적일 수 있다고 본다. 그럴 때 누군가 지적해주면 얼마나 도움이 되겠는가?

일이 터지고 나서야 문제를 해결하는 자세는 변화의 자세가 아니다. 우리 모두 건전한 비판을 통하여 새롭게 변해야 한다."

21세기, 100년을 준비하라

2002년 삼성이 SONY를 시가총액에서 최초로 앞섰다는 뉴스가 발표된 후 삼성의 상반기 실적 또한 사상 최대를 기록했다.

이 같은 소식을 들었음에도 이건희 회장은 만족하지 않고 사장단에 일침을 가하였다.

"지금부터 5년 후, 또 10년 후를 준비하는 로드맵을 수립해야 한다. '준비경영론'을 익히고 준비하라."

밀레니엄의 시대, 세상은 급속히 바뀌고 있다. 지금 작은 성공을 거두었지만 그에 만족하고 자만하다가는 금세 뒤처지고 만다. 5년 후, 10년 후, 아니 100년 후를 설계하고 준비해야 한다.

이건희 회장이 강조한 내용은 다음과 같다.

첫째, 미래의 신수종을 발굴하자. 100년 후의 신수종을 발굴하자.

둘째, 현재로부터 5~10년 뒤에는 무엇을 해서 먹고살 것인지 찾아보자.

셋째, 일등기업이라는 자만에 빠지지 말고, 기본으로 돌아가 충실하자.

넷째, 모든 것은 다음과 같은 경영의 기본적 이론 속에서 실천해야 한다.

① 정직하라.

② 윤리경영에 대비하라.

③ 불황에 대비하라.

④ 경기변동에 대응하는 전략적 경영을 펼쳐라.

⑤ 비용을 절감하라.

⑥ 원가절감 방법과 생산성 향상에 총력을 기울여라.

⑦ 소비자에게 밀착하라. 고객만족은 소비자에게 있음을 명시하라.

다섯째, 삼성화재, 삼성생명 등 금융사들도 과당경쟁에서 빚어지는 불합리한 영업 관행을 버리고, 정도 영업으로 국내외 시장에서 경쟁력 있는 전략경영을 수립하자.

여섯째, 윤리경영으로 청렴도가 우수한 존경받는 기업을 만들자.

인재와 경쟁력 요소를 찾아라

이건희 회장은 2002년 여름 한 달간 일본에서 시장조사와 분석을 끝내고, 귀국하여 전기 · 전자계열 사장단 회의를 소집했다.

"준비하지 않는 기업에는 기회가 와도 소용이 없다. 21세기를 위한 '찾아라 경영'을 해야 한다."

'찾아라 경영론' 은 21세기 100년 동안 무슨 사업을 통해 먹고 살 것인가를 찾으라는 의미다. 특히 인재와 경쟁력 요소를 찾으라는 것인데, 21세기에 가장 중요한 요소는 사람이기 때문이다.

첫째, 한국 기업이 과연 일본 전자기업을 앞서 갈 수 있는가?

둘째, 일본 기업들은 중국시장을 어떻게 보고 있는가, 그리고 중국시장을 어떻게 점유할 것인가?

이건희 회장의 '찾아라 경영론'은 삼성이 노키아, 애플 등을 제치고 세계시장에 우뚝 설 것을 주문한 것이다.

다시 말해서 시장 팽창속도가 워낙 빠르고 규모가 거대한 만큼 미리 대비하여, 21세기 디지털시대에 삼성의 도전이 TV, LCD, 모니터 등 더 많은 분야에서 1등을 하기를 바라며, 특히 삼성전자가 만드는 상품들이 인류의 삶을 풍요롭게 하기를 기원하는 것이다.

월드 베스트 전략World Best Strategy

삼성은 반도체 D램, 반도체 S램, 모니터 TFT-LCD, CDMA, 휴대전화, 전자레인지, VCR 등 세계 1위 상품 7가지를 가지고 있다. 그러나 현재 중국의 하이얼, 렌샹, 창훙, TCL 등 전기 · 전자 그룹들의 맹렬한 추격으로 인해 커다란 위협을 느끼고 있다. 특히 세계 전자시장의 특허 경쟁에서 이겨야 한다.

삼성의 월드 베스트 전략에 따르면 메모리, TFT-LCD 등 세계 1위 상품은 2위와의 격차를 더욱 벌려가면서 시장 지배력을 확고히 하고 있고, 그 밖에 비메모리 시스템 LSI대형집적회로 분야, PDA, 모바일용 SOC복합칩, LDILCD용 구동칩 등 세계 3위권 내의 품목의 경우에도 향후 세계 1위에 올려놓을 수 있을 것으로 기대된다.

삼성 SDI도 2차 전지, PDP, 초대형컬러판, 유기 EL 등의 신 디스플레이 등을 핵심 성장엔진으로 하는 첨단 디지털기업으로 탈바꿈하고 있다.

먼저 세계 1등 제품을 30개로 늘리고, 신수종사업은 따로 계획을 수립하였으며, 지금 2012년 초등학교 3~4학년 수준의 지능을 갖춘 64기가 반도체 로봇 개발이 이루어지고 있다. 이는 웬만한 심부름이나 잡일을 하는 로봇이 3D산업을 대신하여 궤도에 오른 것을 의미한다.

이처럼 로봇이 가정의 필수품으로 자리 잡는 시대에 대비하여 이건희 회장은 연구를 계속하도록 하고 있다. 향후 생산기술이 확보되면, 로봇 산업의 대량생산을 위한 별도의 공장시설을 갖추도록 할 예정이다.

지적知的 창조력 시대, 우먼파워를 활용하라

선진 미국이나 유럽 같은 나라는 남녀동등 사상이 관습화되어 있지만, 동양은 그렇지 못하다. 우리나라도 오랜 남존여비男尊女卑 사상 때문에 여성이 제대로 대접받지 못하고 있었다.

하지만 세상은 바뀌었다. 이제 여성은 남성과 동등한 아니 어쩌면 상위인 우먼파워시대라 해도 과언이 아닐 것이다.

지구상의 생물을 비교해보면 대부분 암컷이 수컷보다 강하다. 그것은 실험에서도 입증된다.

어느 동물학자가 쥐를 대상으로 전기가 흐르는 선을 지나가야 먹이를 먹을 수 있도록 장치를 하고 실험을 했다. 먹이를 먹으러 가면 감전이 되었기에, 쥐들은 암컷, 수컷 할 것 없이 모두 굶어 죽었다. 그런데 새끼를 갖다 놓자 상황이 달라졌다. 수컷은 계속 가지 못했지만, 암컷은 몇 번 시도와 실패를 거듭하다가 결국 전선을 타고 넘어가 먹이를 먹었다. 자신이 살아야 새끼도 살릴 수 있기 때문이다.

사자는 암컷이 사냥을 한다. 수컷은 낮잠을 자다가 암사자가 사냥해 온 것을 먹는다. 일도 하지 않고 잘 먹으니까 겉모습이 좋다.

인간도 마찬가지다. 여자는 약하지만 엄마는 강하다는 말이 있다. 불이 났을 때 남편은 그냥 나오지만, 아내는 갓난아이를 업고 나온다고 한다. 의학적으로도 여자가 남자보다 인내심도 강하고, 평균수명도 길다.

이건희 회장은 영국의 마가렛 대처Margaret Hilda Thatcher 수상을 위인 중의 한 사람으로 꼽는다. 여태까지 영국에서 어떤 정치인도 시도하지 못한 과감한 노조 개혁을 시도하였기 때문이다.

영국 민족은 태어나면서부터 계급이 정해진다. 귀족과 평민, 오늘날로 치면 고용자와 피고용자로 구분된다. 그러므로 노조활동도 극렬했다. 이런 영국에서 노조를 변혁시킨 대처 수상은 남자 100명보다 더 뛰어난 인물이라 할 수 있을 것이다. 바야흐로 우먼파워의 시대가 도래한 것이다.

하지만 우리 대한민국은 우먼파워, 즉 여성인력의 중요성을 깨닫지 못하고 낭비하고 있다. 여자는 배울 필요가 없다면서 학교도 보내지 않았던 과거와는 달리 이젠 여성도 고학력자가 많고 뛰어난 능력을 갖춘 경우가 많다. 그럼에도 불구하고 여성의 취직률이 남성에 비해 현저하게 낮은 것은 회사에서 고용하지 않기 때문이다.

물론 여성 자신의 책임도 있다. 첫 번째 이유는 결혼이다. 몇 년 동안 직장에 다니다가 결혼과 동시에 퇴직하고 만다. 그래서 회사도 여자를 고용하기를 꺼리는 것이다.

하지만 경제가 고도로 성장하면서 선진국들이 남녀고용평등법을 만들었다. 일본도 최근에 이 법을 제정하였다.

일본이 선진국이라고 하지만 최근까지도 여성을 무척 경시했다. 일본은 목욕도 서열에 따라 했다. 할아버지, 아버지, 아들, 남자 종, 그 다음에 할머니, 어머니, 딸, 여자 식모 순서였다. 지금도 50대 이상인 사람들에게는 당연한 일이다.

그런 일본에서 최근 이혼율이 높아지고 있다. 그것도 황혼이혼이 늘어나고 있다. 남편이 퇴직금을 탈 때까지 기다렸다가 이혼을 한다고 한다. 여성의 힘이 커진 것이다.

이제 21세기 초반기를 지나고 있다. 우리나라에서도 여성의 지위가 상당히 향상된 만큼 곧 남녀고용평등법도 큰 영향을 받을 것이다.

국가에서 법을 제정하여 실행하기 전에 삼성이 먼저 하자. 이제부터 직원으로 뽑는 여성은 남성과 똑같은 조건에서 경쟁하도록 해야 한다. 여성 인재들은 힘들더라도 각고의 노력으로 자신의 희망을 찾아야 한다. 이를 위해 여성들은 남성보다 더욱 강하게 훈련받아야 한다. 남녀평등은 차별이 없는 것이다. 여자라고 힘든 일을 시키지 않고 봐주다가는 제대로 된 여성인력을 양성할 수 없다.

삼성이 나서서 여성인력을 많이 고용하고 최대한 활용해야 한다. 남녀는 1대 1의 평등한 평가를 받아야 한다.

21세기 인재 분류, 어떻게 할 것인가?

2006년 2월 기준, 삼성그룹의 가족은 총 19만 5천여 명으로 집계되었다. 마음만 먹는다면 한국 대학생들의 일자리를 걱정하지 않아도 되는 고용효과 최대의 기업이 아닌가?

1997년에는 삼성그룹 종업원이 총 26만 7천 명이나 되었다. 그러나 IMF를 맞으면서 1999년에는 16만 1천 명으로 크게 줄었다.

실직한 많은 삼성 인재들이 동종 경쟁업체로 갔다. 대만, 중국, 베트남, 타이, 필리핀 등 동남아 개발도상국가로 뻗어나간 기술자나 관리자들이 그곳에서 삼성의 기술, 전략, 관리기법 등을 그대로 전수한 사례가 비일비재하다고 한다.

우리는 IMF라는 경제적 고통을 덜기 위해서, 구조조정을 핑계로 훌륭하게 양성된 우수하고 경륜이 풍부한 일류급의 인재를 마구 해고시키고 퇴직시켰다. 기업이 살기 위해서, 한 직장에서 20~30년 가까이 근무한 기술인재, 관리인재를 '사오정45세 전후', '오륙도56세 전후'라 하여 마구잡이식으로 내보낸 것이다.

이런 상황에서 어느 누구도 삼성의, 또 우리나라의 인력정책을 우려하는 사람이 없었다. 그러나 결과는 참담한 현실로 나타났다.

2004년 오스트리아 출신의 경제학자 피터 드러커Peter Druc는 96세로 사망하기 전에 면담차 온 한국의 학자들에게 '마구잡이 해고, 무조건적 퇴직을 단행한다면, 한국은 결국 인재난으로 망할 것'이라고 했다. 그는 또한 일자리 창출정책의 중요성을 강조하기도 했다.

그의 예언은 현실로 나타났다. 동남아의 많은 국가가 한국의 직장에서 오래 근무하여 최고급 기술과 경험을 두루 갖춘 유능한 인재들을 채용하였고, 그로 인해 성공을 거두었으며, 우리의 기술력과 시장은 위축되었다.

뒤늦게나마 삼성그룹을 비롯하여 우리나라 대부분의 기업들이 인재의 중요성을 인식하고 유출을 막는 데 노력을 기울이고 있다.

지난날 일본이 경제성장을 이룩하는 데 성공한 이유는 '종신고용제' 였다. 회사에서 습득한 경영전략, 기술혁신, 관리기술로 평생토록 회사에 기여하고, 그들이 후배를 양성하도록 하며, 기술유출을 막은 것이 최고의 인적자원 관리정책이었다고 자평한다.

삼성그룹에는 석 · 박사학위 소지자가 1만 5천여 명이 있다. 삼성전자만 하더라도 박사학위를 소지한 연구원이 1,200여 명, 외국에서 MBA를 취득한 인원도 1,000여 명, 그 외에 석 · 박사인력은 5,500여 명에 달한다고 한다. 석 · 박사학위 소지자가 구성원의 약 25%에 이른다.

이런 소중한 인재들은 아무 노력 없이 얻어지는 것이 아니다. 특별한 능력이 있는 인재 영입을 위해서 삼성전자 인재개발 연구소의 해외채용팀은 지금도 전 세계를 누비고 있다. 그들은 우수한 연구인력이나 실력 있는 엔지니어가 있는 곳이라면 실리콘밸리는 물론 러시아, 유럽을 가리지 않고 어디든 찾아가서 상담을 한다.

삼성은 이렇게 스카우트된 인재를 S, H, A급으로 분류하고 있다참조 표1.

핵심인재 분류	내 용
S Super 급	높은 잠재력을 가지고 있으면서, 실제업무에서도 뛰어난 성과를 올리는 인재, 전공에 불문하고 우수한 능력과 자질의 소유자, 전자전공, 경영 등 융복합능력 인재
H High Potential 급	성과를 통하여 충분히 검증되지는 않았지만, 높은 잠재력을 지닌 인재(GE가 소수의 인재를 하이포텐셜로 부르며, 별도 관리해온 데서 따온 말, 융복합능력과 자질의 소유자)
A 급	S급보다는 못하지만, 뛰어난 성과와 능력을 지닌 인재

[표 1] 삼성전자 핵심인재 분류표

이와 같이 삼성전자의 인사팀은 핵심인원을 슈퍼S급과 하이포텐셜H급, A급으로 분류해서 별도로 관리한다. 이들이 삼성전자를 움직이는 핵심두뇌라 할 수 있다.

현재 삼선전자 내의 슈퍼급 연구원은 400명 정도이며, 이들의 연봉은 같은 직급 임직원의 몇 배라고 한다.

삼성 펠로 제도와 조기발굴 멤버십 프로그램

삼성의 인재 선발 아이디어 가운데 펠로Fellow 제도와 우수한 인재를 조기에 발굴하는 멤버십 프로그램이 있다.

2002년 11월 5일, 삼성그룹은 슈퍼급 기술인력 가운데 최고 명예직인 삼성 펠로 제도를 시행하고 그 첫 대상자를 선발하였다. '펠로'란 전기 · 전자분야에서 세계 최고 수준의 기술을 보유한 인재에게 부여하는 명예이다.

펠로 제도는 삼성전자, 제일기획, 에스원 등에서 실용화하고 있는데, 이미 미국의 IBM이나 휴렛패커드, 인텔 등도 자사의 공적 기술력을 대표하는 핵심기술 인력을 펠로로 선임하여, 이들의 공적과 활동내역을 대내외에 알리는 등 기술력의 상징으로 홍보에 이용하고 있다. 이를 위해 세계 유수 대학의 유학생들과 현지인력을 대상으로 연구개발, 마케팅, 금융, 디자인, IT 등 경영 전 분야에 걸쳐, 국적을 불문하고 석사, 박사, 포스닥Post Doctor: 박사 후 과정 등 우수인재를 매년 천 명씩 늘리는 계획을 실행하고 있다.

더불어 중국, 인도, 러시아 등 기초과학 강국의 인재를 국내 대학에 유학시키는 프로그램도 확대하여 운영하고 있으며, 특히 미국, EU, 일본, 중국 등 중요 거점에 연구소를 설립하여 연고지를 떠나기 싫어하는 우수 인재를 채용하고 현지에서 세계화경영을 하는 계획도 실현하고 있다.

이 밖에도 우수한 인재를 중 · 고교 때 조기에 발굴하는 멤버십 프로그램을 확대하기 위해 2002년 7월에는 이건희 장학재단을 설립하기도 했다.

10년 후의 CEO를 선발하는 일본 SONY

일본 SONY의 역사는 변신과 변화, 새로운 창조였듯이, 그에 맞는 인재를 채용하고 기르는 것을 목표로 하고 있다.

SONY가 발굴 · 육성하고자 하는 핵심인재, 즉 '디지털 드림 키드Digital Dream Kid'는 과연 어떤 유형의 인재일까?

첫째, 호기심을 가진 인재로 다양한 분야에서 최고의 지식을 갖추고 있으며, 최신의 분야에서 '나라면 어떻게 할 것인가?' 하는 대안을 가지고 있는 우수한 사람

둘째, 상품의 제작 과정에서부터 마무리까지 최선의 노력을 다하는 사람

셋째, 집착과 유연성을 구분할 줄 아는 사고의 탄력성을 가진 사람

넷째, 안 되는 일도 되게 하는 도전적인 자세와 용기를 가진 긍정적인 사람

다섯째, 리스크에 대한 책임을 질 줄 알고, 위험을 감수하는 모험심이 강한 사람

일본 SONY유니버시티의 입학생은 '경영인적자원위원회'에서 선발한다. 경영인적자원위원회에는 이데이 노부유키出井伸之 회장을 비롯하여 안도 구니다케安藤國威 사장, 도쿠나가 데루히사德中暉久 부사장 등 최고경영진이 참여하고 있다.

그들은 전 세계를 미주, 유럽, 아시아, 일본 등 4개 지역으로 구분하고, 총 18만여 명의 SONY 직원 가운데서 20명의 인재를 뽑는다. 주요 선발대상은 과장과 부장이며, 이들은 10년 후 SONY의 CEO가 될 후보이다.

SONY는 이들에게 반드시 필요한 교육과 현장 체험을 실시하는 한편 충성도를 각인시켜 미래에 대비하고 있다. 이런 SONY가 2012년 상반기를 통하여 구조조정 등 새로운 SONY를 만들기 위하여 노력하고 애쓰는 모습을 보이고 있다.

일본 SONY에 '유니버시티'가 있다면, 삼성에게는 '용인연수원'이 있고, GEGeneral Electric에는 '크로턴빌Crotonville 리더십센터'가 있다. 세계 유수의 기업들은 인재 발굴과 육성에 새로운 수종을 접목하면서 성장과 혁신의 인재를 선발하여 위기극복의 노력을 기울이고 있는 것이다.

'기업 경영의 8할은 사람'이라는 철학과 사상을 가진 이회장은 특히 GE의 크로턴빌 리더십센터를 벤치마킹했다고 한다.

GE 크로턴빌의 인사평가와 GE가 요구하는 인재상

오늘날 GEGeneral Electric가 수많은 어려운 고비를 넘기면서 세계 제일의 가전회사로 자리 잡은 것은 바로 크로턴빌의 리더십센터가 있기 때문이라고 해도 과언이 아니다. GE는 다른 기업과 달리 인재를 외부에서 영입하지 않고, 크로턴빌 리더십센터에서 조달하고 있다.

크로턴빌 리더십센터는 뉴욕 근처의 허드슨 강변 오시닝Ossining에 있다. 총 부지는 63,600평으로, 인재개발원 건물만 해도 25,774평에 달한다.

1956년에 설립될 당시에는 대학교수들로부터 강의를 듣는 연수원이었고, 연수가 없을 때는 간부사원들의 휴양지로 사용했다. 이러한 크로턴빌 리더십센터가 새롭게 개편된 것은 1981년 잭 웰치John Francis welch Jr. 회장이 취임하고 나서부터였다.

잭 웰치 회장은 무려 4천 6백만 달러를 투입하여 리더십센터를 인재양성센터로 변모시켰다. 당시는 GE가 구조조정을 실시함으로써 사정이 매우 어려울 때였다. 간부사원들은 4천 6백만 달러라는 거금을 언제 회수하겠느냐면서 빈정댔다.

그러나 잭 웰치 회장은 '기업이 인재를 육성하지 않으면 21세기에 살아남기 어렵다.'고 역설하고 재건립을 밀어붙였다.

크로턴빌 리더십센터가 완공되고 나서 잭 웰치 회장은 은퇴하기 전까지 18년 동안 직접 강의를 했고, 지금도 뉴욕 크로턴빌의 특강은 세계적 CEO가 반드시 거쳐야 하는 것으로 인식되고 있다. 삼성의 후계자 이재용 사장도 이곳에서 공부하였다.

최고의 비즈니스 리더를 육성하고, 기업이 실제로 활용할 수 있는 새로운 경영기법을 개발하는 크로턴빌 리더십센터는 명실공히 세계 최고·최대 규모의 경영대학원인 것이다.

일반적으로 조직 구성원을 나누면, 조직을 이끌어가는 집단 20%, 현 상태를 유지하는 집단 60%, 억지로 일하는 집단 20%라고 볼 수 있다.

크로턴빌 리더십센터의 운영자들은 인사평가에서 상위 20%에 속하는 사람만 입사 대상자로 선정한다. 그리고 경영자 양성

코스 교육을 통해 전문성을 높인다.

이 밖에도 리더십 개발을 위해 신입사원 리더십 과정, 전문가 관리과정, 고위관리자 과정 등 다양한 프로그램을 시대적 상황에 맞게 운영하고 있다.

GE의 크로턴빌은 다음과 같은 4가지 유형의 인재상을 제시한다.

첫째, 열정과 에너지를 가진 인재를 선발한다.

둘째, 동기부여 능력이 있는 인재를 선발한다.

셋째, 선택과 집중의 결단력이 있고, 최고를 지향하는 인재를 선발한다.

넷째, 실행력으로 경영성과를 실현하는 인재를 선발한다.

이곳의 인재상은, 일명 '잭 웰치가 요구하는 인재상'이라고 명명되기도 했는데, 잭 웰치는 그중에서도 '열정'을 가장 으뜸 요소로 꼽는다.

오늘날 목계경영사상의 실천자 삼성의 이건희 회장은 일본 SONY를 뛰어넘어 미국의 GE 등 세계적 인재양성기관의 교육 프로그램 및 채용기법을 벤치마킹하고 있다.

그는 필요하다면 세계 어느 곳에 있는 인재양성기관이라도 벤치마킹하겠다고 한다. 아직도 인재에 목마르다는 말을 서슴지 않고 하는 이건희 회장의 인적자원 관리전략은 21세기에도 계속될 것이다.

제4부

글로벌 CEO의 혁신적 전략경영

삼성 경영 스토리

1987년 12월 1일 오전 10시, 호암아트홀에서 삼성그룹 사장단 및 임원 전원과 사원대표 등 천여 명이 참석한 가운데 이건희 신임회장의 취임식이 거행되었다.

"위대하신 창업주를 여읜 슬픔을 딛고 일어나 삼성그룹의 새 역사 창조에 장엄한 시동을 걸어야 하며, 그것이 바로 창업주의 유지를 받드는 길이다."

이 같은 취임사를 한 이건희 회장은 삼성그룹에서 가장 먼저 입사한 최관식 삼성중공업 사장으로부터 사기社旗를 전달받았다.

그가 취임한 지 3개월이 지난 1988년 3월, 삼성그룹은 창립 50주년을 맞았다.

1938년 3월, 암울했던 일제강점기에 '크고 강력하고 영원하라.'라는 슬로건 아래 '삼성三星'이라는 상호를 달고 대구에서 시작한 '삼성상회'가 50년 만에 대한민국에서 가장 큰 기업으로 성장한 것을 기념하는 날이었다.

이날 이건희 회장은 기념사와 함께 '제2창업'을 선언했다.

"삼성의 체질을 더욱 굳세게 다져 세계 초일류기업으로 키워나가고, 국민의 사랑을 받으며, 국민에게 더욱 봉사하는 기업으로 만들어나가자. 제2의 창업이라는 각오로 모두가 노력하자."

제2창업: 1988~1993

삼성그룹은 1988년 7월, '2000년대 세계적 초일류기업 달성'을 목표로 이건희 회장이 발표한 경영방침을 중심으로 하여 제2창업정신을 정립하였다.

당시 선포된 덕목은 9가지였으나, 집중력과 행동력을 갖고 구체적으로 실천에 옮겨야 할 핵심덕목은 '자율경영', '기술중시', '인간존중' 등 3가지였다.

그러나 이러한 정신을 보급하는 과정에서 몇 가지 문제점이 발견되었다.

첫째, 기존의 경영이념과 삼성정신이 글로벌시대의 '고객중시'와 같은 시대적 변화를 적절히 반영하지 못했다.
둘째, 제2창업정신에는 이념, 방침, 수단 등의 요소가 혼재되어 있다.
셋째, 기존의 경영이념과 삼성정신, 새로 정립한 제2창업정신이 병존함으로써 혼란이 초래되고 있다.

따라서 제2창업 5주년을 맞는 시점에서 다음과 같이 새롭게 정한 경영이념과 삼성인의 정신을 확정하였다.

– 경영이념

인재와 기술을 바탕으로 최고의 제품과 서비스를 창출하여, 인류사회에 공헌한다.

– 삼성인의 정신

(1) 고객과 함께한다.

(2) 세계에 도전한다.

(3) 미래를 창조한다.

신경영 제1기, 질質 경영시대: 1994~1996

이건희 회장의 신경영의 핵심은 '질 위주의 경영'이다. 일명 '질質 경영시대'라고 부른다.

신경영이 탄생하게 된 배경은 삼성이 시장에 내놓는 상품의 품질, 그 질을 만들어내는 사람과 경영의 질에 대한 깊은 반성이 있었기 때문이다.

질 위주의 경영은 다음의 3가지 요소로 구성되어 있다.

(1) 상품의 질

(2) 경영의 질

(3) 사람의 질

첫째, 상품의 질은, 값싸고, 기능 좋고, 편리하고, 모양 좋은 상품과 서비스를 개발하여 고객을 만족시키는 기법이다.

둘째, 경영의 질은, 경영의 기본요소인 인프라를 갖추고, 이를 효과적으로 시스템화하는 기법을 창출하는 것이다.

셋째, 사람의 질은, 인간미와 도덕성을 갖추고 실력을 쌓아 창의와 책임을 발휘하는 인재를 양성하는 것을 의미한다.

따라서 질質 위주 경영은 어느 하나의 질을 개별적으로 말하는 것이 아니라 이들 3가지 질의 삼위일체를 일컫는 것이며, 이들 모두의 수준을 높이는 것을 말한다.

질 위주의 경영은 먼저 불량을 없애는 상품의 질 전환 작업부터 시작되었다. 한 품목이라도 좋으니 세계 제일의 제품을 만들도록 한 것이다.

경영의 질을 높이기 위해서 실질적 도움을 줄 수 있는 정보인프라를 구축하고, 사업구조를 고도화시켜나가는 길을 찾도록 했다.

사람의 질을 높이기 위해서는 인사관리제도를 혁신하고, 창의적이고 자율적인 조직문화를 만들어가는 우수한 인재를 채용하고 양성하도록 했다.

이처럼 신경영시대의 첫 주자인 질 경영시대는 성공적으로 전개되었다.

신경영 제2기, 스피드Speed 경영시대: 1996~1998

1997년, 삼성 이건희 회장은 그동안 추진해온 신경영 실천활동에서 나타난 문제점을 보완하고 더욱 지속적인 변화를 유도하기 위해서 '스피드경영'Time-Based Management의 개념을 도입하고 신경영 제2기 활동에 돌입하였다.

신경영이란 모든 경영활동에서 시간을 중시하는 것인데, 그저 빨리빨리 하는 것만을 의미하는 것이 아니다. 먼저 시작하고 Early, 빨리 처리하며 Fast, 제때 공급하고 Timely, 자주 관리하는 Real Time 것을 말한다.

첫째, '먼저 시작'이란, Early Start 또는 Market Leader로서, 미래 유망사업의 조기발굴이나 신제품 조기출시, 서비스 차별화 등 기회를 선점하는 것을 말한다.

둘째, '빨리 처리'란, Time Compression 또는 Fast Decision 이라고 하며, 품질을 유지하면서 제품이나 서비스를 고객에게 신속히 제공하도록 내부 의사결정 속도를 높여나가는 것을 뜻한다. 즉 출하시간 단축, 상품개발시간 단축 등을 의미하는 것이다.

셋째, '제때 공급'이란, On time 또는 Just in time이라고 하며, 고객이나 거래선과의 약속을 제대로 준수하고, 필요한 시점에 필요한 만큼 공급한다는 고객납기 준수 등을 의미한다.

넷째, '자주 관리'란, Real time Management 또는 Flexible Management라고 한다. 이는 유연경영을 의미하는 것으로 사람, 돈, 물류 등 실시간 관리, 소량다품종, 고회전율을 추구하는 것을 말한다.

삼성그룹 이건희 회장은 신경영의 제2기 활동에 이러한 스피드경영 4대 속성을 전략적 기법으로 실천함으로써 큰 성과를 실현하였다.

– 스피드경영 실천사례

사례 1 삼성그룹은 각 관계사에서 진행해오던 전산업무를 삼성 SDS로 통합하였다. 특히 네트워크인 Topics를 Single로 전환함으로써 정보공유화를 앞당겼고, 큰 성과를 보았다.

사례 2 그룹 사업장 간 광케이블 설치를 확대하였으며, 과천에 이어 구미에 최첨단설비의 정보네트워크 센터도 건립하였다. 결과는 매우 성공적이었다.

사례 3 삼성전자 등 전자 4개사에서는 여러 사업부에서 상이하게 사용하던 코드 체계와 소프트웨어를 통일하는 작업을 착수하였다. 부품코드는 사업부별로 상이한 9가지 표준체계를 단일체계로 전환했다. 그 외에도 75만 건에 이르는 부품코드를 48% 수준인 36만 건으로 줄이는 데이터 정비작업을 실시해 업무효율을 향상시키는 데 성공하였다.

사례 4 CAD소프트웨어도 단순화시켜 기구CAD는 121기종에서 2기종으로, 회로CAD는 9기종에서 2기종으로 줄었다. 뿐만 아니라 개발프로세스도 동시공학(Concurrent Engineering) 기법을 도입해 순차적으로 진행하던 작업을 동시에 진행할 수 있도록 하였다. 또한 통합설계정보관리시스템과 SAP R/3 System을 통합하여 전자정보시스템을 실현하였다.

구조조정 경영시대: 1998~1999

1988년 제2창업 선언 당시 삼성그룹은 전자, 중화학, 경공업, 건설, 무역, 서비스, 금융업 등을 망라하고 있었으며, 우리나라 다른 대기업 집단과 마찬가지로 다각화정도가 높은 사업구조의 특성을 지니고 있었다.

그러나 1980년대 중반 이후 급격히 밀려오기 시작한 세계화와 정보화의 물결, 그리고 국내에서 진행되고 있는 민주화와 자율화의 조류에 부응하기 위해서는 삼성이 갖고 있는 장점을 최대한 살리면서 사업구조를 고도화시키고, 미래지향적인 경영체계를 갖추지 않으면 안 되었다. 그 결과 삼성전자는 2007년부터

2011년까지 세계 1위 기업으로 우뚝 서게 되었다.

삼성의 제2창업 당시 사업 분야별 주요회사는 다음과 같다.

전자사업 분야: 삼성전자, 삼성반도체통신, 삼성전관, 삼성전기, 삼성코닝 등

중화학사업 분야: 삼성중공업, 삼성항공, 삼성시계, 삼성석유화학, 전주제지 등

경공업사업 분야: 제일제당, 제일모직, 제일합섬 등

건설사업 분야: 삼성종합건설, 코리아엔지니어링 등

무역·서비스사업 분야: 삼성물산, 중앙개발, 신라호텔, 신세계, 고려병원 등과 금융사업 분야에서 동방생명, 안국화재 등

삼성은 1990년대 들어 그룹의 주요 사업체를 분리하는 작업에 착수하였다. 1991년 11월에는 신세계와 전주제지를 그룹에서 분리하였고, 1993년 6월에는 제일제당을 비롯하여 14개 계열사를 매각 내지 합병하였다.

소유와 경영의 분리를 통한 사업구조의 재편을 목적으로 전자, 중공업, 화학 등 중핵사업 중심으로 집중하여, 부가가치가 높은 산업에 전략적 의미를 담고 있는 새로운 경영체제의 길을 택한 것이다.

디지털 경영시대, 리더십과 통찰력을 갖춘 오너십: 1999~2012

2000년 1월 중순, 새로운 21세기 전개의 기업정책세미나가 미국 보스턴 코리안 소사이어티에서 열렸다.

"왜 삼성전자는 강한가?"

많은 이들이 질문을 했는데, 답변은 매우 간단했다.

"삼성의 이건희 회장이 강력한 오너십과 뛰어난 통찰력을 지녔기 때문이다."

대부분 경영학자들은 '오너십이 기업 운명을 좌우한다.'라는 말을 공감하고 있었다.

이건희 회장의 오너십이 뒷받침되었기 때문에 위기를 기회로 활용할 수 있었으며, 경쟁력을 높일 수 있었던 것이다.

그들은 이건희 회장의 JIT Just in Time 오너십이 발동되지 않았다면 사업적 위험이 큰 반도체 사업을 꽃피울 수 없었을 것이라고 지적하였다.

물론 한국의 기업집단 가운데 삼성, LG, 현대, SK 등 다수의 그룹이 한국 경제성장에 기여하였다. 그러나 특히 삼성그룹은 한국전자산업의 성장과정에 있어서 Microcosm =소우주을 나타내는 커다란 흥미를 일으키게 하였다.

삼성전자(주)는 1969년에 삼성그룹의 계열회사로 창립되었는데, 2012년에는 세계전자산업의 선두주자로 인정받게 되었다. 투자액, 제품개발, 마케팅 및 기술개발에 있어 삼성전자는 한국 전자산업뿐만 아니라 세계 전자산업의 선두주자로서 역할을 하였다.

한국신용평가(주)의 시장점유율 조사 결과, 삼성은 2010년 세계 브랜드 순위 4위 가치로 지속적 성장을 계속 하고 있으며, Flash 메모리 시장점유율은 세계 1위로 자리매김하고 있다. 휴대폰 시장점유율도 세계 1위 도전의 발판을 마련하였고, LCD 또한 세계 최대 크리스털밸리를 일구어 본격 가동을 계속하고 있다.

디지털 TV 분야에서도 세계 최대 102" PDP TV 개발 등을 통해 신제품 리더십을 유지하는 등 삼성그룹의 위상은 세계시장에서 한국의 대표적 기업으로 성장하였다.

21세기 2012년을 지나면서 삼성전자는 세계적 기업으로 부상하고 있으며, 삼성전자의 미래 비전을 실현시켜나가고 있다.

"기업은 국가의 근간이다."

국가가 유지되고 발전해나가는 데에 가장 중요한 것은 기업이라는 말이다. 기업은 국가경제 성장의 주역이며, 기업가는 자본주의 시장경제의 주춧돌이다. 따라서 기업은 사회적 책임을 다하면서 발전해야 한다.

기업가들이 우리나라를 세계 속에서 무시할 수 없는 나라로 만들어주어야 존경받게 될 것이며, 수많은 젊은이들이 그 뒤를 따를 것이다.

삼성 분권화 관리조직의 기본원칙

이건희 회장은 삼성경영학을 이야기하면서 가장 기본이 되는 '분권화 관리조직의 원칙을 준수하는 것이 바람직하다.'고 피력하였다.

분권화조직은 모든 결정권이 최고경영자Top Management에게 집중되어 있는 것이 아니고, 의사결정의 권한이 그 하위에 있는 여러 조직계층에 대폭적으로 분산·이양되어 있어서 각 부문 관리책임자가 계획과 지휘, 통제기능에 대해 일정한 자주성을 갖는 것이다.

이 회장은 분권화를 통해 관료제 조직의 전제적·획일적 수단을 가급적 배격하고, 각 부문 및 하부의 경영자에게 일종의 독립채산제Business Accountability를 기본으로 경영자의 기능을 십분 발휘하게 하였다. 그리고 대규모화된 삼성그룹 조직의 효율성과 경제성을 높여 의사결정의 스피드업에 의한 정보시스템의 충실을 기하고자 하였다. 이것은 경영학의 기본 철학이다.

이건희 회장은 성공적인 삼성경영학을 기본적인 경영철학이나 사상에서 찾아 실행하고 있는데, 삼성 분권화조직의 목적은 다음과 같다.

규모 이익의 한계 탈피

분권화의 목적은 규모 이익의 한계를 탈피하고, 경영능력의 한계를 확산하기 위해서이다. 기업의 규모가 증대해서 최적기업규모를 초과하면, 집권적 경영조직에서는 최고 경영층들이 경영능력의 한계를 나타내어, 비능률적 경영이 된다. 이와 같은 비능률성을 탈피하고, 규모 이익의 증대를 위해서 분권화를 이루는 것이다.

최고경영자 업무과중의 제거

톱매니지먼트의 부담이 과중되고, 회사 전반에 관한 종합적, 장기적인 경영계획과 통제가 강력히 요청되고 있음에도 불구하고, 그것이 거의 실행되고 있지 않은 경우에 그들의 업무 내지 능력의 과중성을 제거하기 위해서이다.

제품 다양화와 경영 다각화

분권화조직은 제품의 다양화, 경영의 다각화를 위해서 설정하고 있다. 즉, 성질이 다르고 또한 시장도 다른 제품을 생산, 판매하고 있는 경우, 통일적 사업부를 설정하여 집중적으로 관리할 필요가 있으며, 이를 기업성장을 위한 본격적인 다각화 전략의 수단으로 삼는다.

라인조직의 강화

생산, 판매 등의 라인활동을 강화할 필요가 있는 경우에 각각의 라인을 분권화하여 책임을 맡기는 것은 해당 라인조직을 강화하는 결과가 된다.

유능한 경영관리자 육성

분권적 조직은 경영관리자 육성에 결정적으로 기여한다. 다시 말해, 분권적 조직에서는 포괄적 결정권한이 기간적 집행활동을 행하는 조직단위에 부여되기 때문에, 이 분권화된 조직단위의 장은 경영관리자로서의 경험을 가질 수가 있다. 따라서 이를 통한 경영자로서의 소양을 갖게 되는 것이다.

이건희 회장은 분권화조직을 합리적으로 운영하기 위한 기본적인 원칙을 가지고 있다. 그것은 피터 드러커Drucker P. F가 제시한 5가지 분권화의 기본원칙을 활용한 것이다.

강력한 리더십 발휘의 원칙: 분권화조직의 효과적인 운영을 위해 각 회사의 CEO가 강력한 리더십을 발휘하여 각 사업부를 관리하도록 하고 있다.

업무평가 확립의 원칙: 분권화조직의 각 단위마다 공정한 업무평가 확립이 이룩되어야 한다.

자주적 경영단위의 세분화 원칙: 사업의 이익책임단위, 원가책 임단위와 같은 자주적 경영단위가 세분화되어 있다.

자주적 경영단위의 의욕적인 활동이 가능하도록 넓은 영역과 충분한 과제를 제공하는 원칙 기피선언권 부여 원칙: 각 자주적 경영단위가 독립적 업무내용과 시장 및 제품을 가지고 대등한 입장에 설 수 있도록 하기 위하여, 동일한 사내거래라 할지라도 이를 기피할 수 있는 권리, 즉 기피 선언권을 부여하고 있다.

삼성의 조직풍토 혁신방법

이건희 회장은 삼성의 조직풍토 혁신을 위해 다양한 방법을 실시하고 있으나, 여기에서는 가장 성공한 조직구조의 유기적 방법을 소개하고자 한다.

조직구조의 유기적 변경은 유기적 관리시스템Organic Management System이라고도 하는데, 권한의 유동성, 횡적인 의사소통이나 인간관계, 신축성 등의 구조적 특징을 가지고 있으며, 기업의 시장 환경이나 기술 환경의 변화가 빠른 불안정한 환경하에서 대응 조직구조를 변경시키는 전략적 혁신방법을 말한다.

다음은 이와 같은 유기적 조직의 특징을 조직충성심으로 이끌어가는 경영방법이다.

첫째, 각자의 전문적 지식이나 경험을 활용하여 기업의 공통된 과업에 공헌할 수 있도록 한다.

둘째, 기업의 전체적 상황에서 개개의 과업을 현실적으로 설정하도록 한다.

셋째, 책임이 공유되도록 한다. 각자의 직무나 자기부문에 대한 책임감보다도 기업 전체목적 달성에 대한 책임감을 중요시 여기도록 한다.

넷째, 정보, 조언이 소통되도록 한다. 통제, 권한 및 커뮤니케이션이 종적 관계가 아니고, 횡적 네트워크를 이루도록 하는 것이다.

다섯째, 상사에의 충성심도 중요하지만 기업 전체의 과업이나 진보 및 성장에 대한 책임감에 높은 가치를 두도록 한다.

삼성전자의 성공적인 인사고과 사례: G2(비연봉제)와 G3(연봉제) 이상

(1) 평가의 목적은 크게 2가지이며, '인재양성'과 '보상'으로 구분한다. 평가대상은 G2 이하(비연봉제), G3(연봉제) 이상으로 나눈다.

(2) 평가시기와 방법은 다음과 같다. G2 이하의 평가방법은 업적고과이며, 평가는 5월과 11월, 연 2회 실시한다. G3 이상의 평가는 업적고과와 역량고과로 이루어지며, 업적고과는 연 1회 11월에 실시하여 평가하고, 역량고과는 연 1회 8월에 실시하여 평가한다.

(3) 삼성의 인사평가과정은 ① 자기평가, ② 면담을 통한 제1차 파트장 평가, ③ 제2차 그룹장 평가 등 두 번의 면담으로 이뤄지기 때문에 평가 후 이의제기가 거의 없는 것이 특징이다. 물론 평가확정 후 부서장오픈과 개인오픈이 실시된다. 부서장 면담률은 100%이며, 이의신청은 거의 하지 않는다.

(4) 평가내용은 업적고과 평가와 역량고과 평가 등으로 구분된다. 업적고과 평가는 보상의 목적을 200자 이내로 자기 입력식으로 서술하며, G2(비연봉제), G3(연봉제) 이상 모두에게 적용한다. 여기에서 중요한 것은 MBO(목표관리법)를 채택하고 있다는 점이며, 특히 주요업무, 자기관리, 조직관리(조직문화) 등 3가지 영역에 걸쳐 목표설정 및 평가를 실시한다.

- 주요업무의 평가내용(ex: 교육담당자)

① 사업장 어학 자격 보유율 80% 달성

② 감성세미나 월 1회 운영

③ 사업장 정보화 보유율 80% 달성

④ 외국어 생활관 고과자 5명 선발하기 등

- 자기관리 평가내용

① 어학분야 : 토익 960점 달성

② 운동분야 : 체력관리, 운동은 자유선택. 체력증진을 위해서 자유롭게 선택한다.

③ 독서분야 : 월 1권의 책 읽기

④ 문서: 문서작성 능력 배양과 향상에 대한 평가. 결재서류는 뚜렷한 효율성과 성과의 의미를 담고 있어야 한다.

- 조직관리(조직문화) 평가내용

① 부서행사에 적극적으로 참여

② 50시간 봉사활동

③ 2차례 이상 헌혈

④ 부서장은 부서원 전원과 월 1회 면담

- 역량고과 평가는 인재양성의 목적으로 5개 군(群) 8개 항목으로 구성된다. 그리고 G3(연봉제) 이상에 적용되며, 다면진단방식을 채택하고 있다.

① 인간미 · 도덕성 평가: 규율과 준법경영 실천능력

② 글로벌 평가 : 어학점수, 외국인과의 소통능력

③ 자기계발 평가 : 독서, 어학공부, 회사교육 참여

④ 직무역량 평가 : 직무능력 향상, 혁신역량 강화 등

⑤ 후배양성 평가 : 후배의 멘토링, 교육의 기회제공 –주로 간부 중심– 등으로 이루어진다.

평가내용의 결과는 등급화, 보상 등으로 이루어진다. 먼저, 등급화는 업적고과와 역량고과로 이루어진다.

「업적고과 + 역량고과 = 등급화」

업적고과 60%, 역량고과 40%의 비율로 합산하며, 등급형의 의미는 다음과 같다.

EX	Excellent
VG	Very Good
GD	Good
NI	Need Improvement
US	Unsatisfactory(필요 시 줌)

ex) 업적고과 평가 + 역량고과 평가 = 등급화

EX + EX = Excellent/ EX + GD = Very Good

보상은 업적고과 평가와 역량고과 평가의 합산을 등급화하여, 업무성과급에 최소 60%에서 최대 300%까지 반영한다. 보상에는 ① 누적연봉제, ② G2 이하에 대한 보상, ③ 그 외의 보상방법 등이 있다.

먼저, 누적연봉제는 전년도 연봉에 누적인상률을 곱하여 주고 있다.

「연봉 = 전년도 연봉 X 누적인상률」

「누적인상률 = 기본인상률(Base Up) + 성과인상률」

G2에 대한 보상은 업적고과 평가 후, 상위 3%에게 S등급을 부여하여 50만 원의 업무성과급을 지급하고 있다. 부장급에게는 동료평가를 실시하는데, 후배 2명, 동료 1명을 무작위로 선정해서 비밀리에 평가하는 방법이다. 이 역시 고과결과에 영향을 미친다.

그 외의 보상방법은 양성파견, 우수사원 해외연수, 발탁승격 등이 있다. 복지는 전 직원에게 절대평등하게 실시하고 있다.
고과평가가 낮을 경우 ① 보상 약화, ② 보직 재검토(보직자의 경우), ③ 장기 하위평가자는 업무 재조정 및 직무교육을 실시한다.

SE System Engineering의 성과

이건희 삼성경영학의 빛나는 내용의 하나가 SE System Engineering, 즉 시스템공학이다.

시스템공학이란 다수 · 다종의 구성요소가 유기적으로 질서를 유지하면서 동일한 목표를 향하여 행동하는 목적을 성공적으로 달성할 수 있도록 그 대상이 되는 시스템의 구성요소, 조직구조, 정보의 흐름, 제어기구 등을 분석하고 설계하는 일련의 기술경영학을 말한다.

즉, 시스템을 구성하는 각 하위시스템 전체를 통합하고, 시스템 전체가 최대의 성과를 올릴 수 있도록 계획하며, 설계하고, 운영하는 과학기술경영을 뜻한다. 이는 정보시스템, 생산관리시스템, 물류시스템의 설계 등에 큰 역할을 하고 있다.

이러한 SE 경영기법의 특색은 다음과 같다.

첫째, 부분의 최적화가 아니라 전체의 최적화를 도모한다.

둘째, 사람人, 물건物, 돈金, 자재, 기계 등 다차원의 제諸 자원을 적합하게 이용한다.

셋째, 종래의 경험과 육감을 버리고 모델 설계에 의한 최적화를 꾀한다.

넷째, 공통의 목적달성에 대해 각종의 전문가로 구성된 팀을 이룩하여 종합적 어프로치를 꾀한다.

삼성의 System Engineering은 기본적인 경영기법을 가장 잘 나타낸 것으로 평가되고 있다. 시스템 분석면에서 살펴보면 새로운 시스템을 개설하거나, 기존 시스템의 개선을 위해, 시스템의 복잡한 기구 내지 메커니즘의 내부를 잘 분석하고, 잘 활용하고 있는 것이다.

시스템 분석은 문제의 파악과 정식화, 시스템 팀의 편성, 시스템 목적의 결정, 경제적 기준의 설정, 시스템의 Model화를 위한 정보수집 등의 제諸 단계를 매우 훌륭하게 시행하고 있다.

다음으로 시스템 계획과 시스템 디자인을 잘 활용하고 있다.

삼성은 시스템계획을 분석의 자료로 활용하여 여러 가지 대체 안을 찾아내고, 컴퓨터를 통하여 업무시스템의 3가지 조건을 충족하고 있다.

(1) 시스템 계획의 달성목표와 실천수준
(2) 시스템 구성요소의 최적화 결합 발견
(3) 목표달성을 위해 가장 합리적인 기능을 할 수 있는 프로그램 구성 등

이 밖에도 제조, 제어장치, 서비스를 포함한 시스템 전체를 개량, 개선, 확대하는 등 시스템 전체의 평가를 지식산업의 방향으로 이끌어가고 있다.

ZDZero-Defectives 운동

삼성은 일찍이 완전무결점운동을 전개했다. 특히 이건희 회장은 신경영 이후 '결점예방계획'을 실시하도록 독려하였다.

"인간은 과오를 범하는 동물이라는 전제를 버려라. 과오를 범하지 않을 수도 있다는 생각으로 1만분의 1의 실수조차 없애려는 것이 바로 ZDzero-defectives 운동이다. 이 운동은 인간성을 대상으로 하는 심리적 법칙에 따르는 행동과학을 가미한 관리기법으로서, 무사고 · 무결점을 지향하며 인간의 타성을 제거하고자 하는 것이다."

ZD 운동은 제품이나 부품의 품질 불량률을 제로화하는 것으로, 소집단의 내부적 자기관리를 통하여 실시되어야 하는데, 이를 위해서는 과오의 원인부터 규명해야 한다.

인간이 과오를 범하는 원인으로는 다음의 사항을 들 수 있다.

(1) 훈련부족

(2) 부주의

(3) 인식부족

(4) 기술부족특허 미흡

(5) 열악한 환경조건

(6) 부적정한 배치

(7) 근로의욕 상실

(8) 부품이나 재료의 결함

세계화시대에 접어들어 미국, 일본과 더불어 중국, 대만, 인도, 인도네시아 등이 새로운 ZD 운동을 전개하면서 불량률이 급격히 감소했고, 정밀정확도 '1백만분의 1ppm' 등으로 우리의 기술을 넘보고 있다.

1970년대 초입부터 전개했던 ZD 운동을 21세기에 다시 되새겨보는 것은 '과오 없는 성과'를 전 세계적으로 보여주자는 것이다.

이런 사원은 안 된다

이건희 회장은 삼성에 절대 있어서는 안 되는 사원으로 부정부패형 사원, 창의력이 없는 사원, 불평불만형 사원, 예의범절이 없는 사원, 국제감각이 없는 사원, 고객에게 불친절한 사원 등 6가지 유형을 꼽았다.

부정부패형 사원

흔히 부정부패라고 하면 정치, 경제, 사회 등 여러 관료사회에나 있음직한 것으로 생각하기 쉽다. 그러나 사실은 우리 기업 내에도 부정부패의 현상과 요소들은 얼마든지 있을 수 있고, 또 표면적으로도 그러한 사례들을 수월하게 목격할 수 있다.

예를 들면, 회사의 경비나 물품을 무단으로 사용하는 것에서부터 각종 대금의 착복과 횡령, 거래처로부터의 금품수수, 지출경비의 과다계상을 통한 유용, 자질구레한 금전 착복행위에 이르기까지 회사 내의 부정부패 소식들은 한두 가지가 아니다.

그러나 우리나라 기업들은 어쩐 일인지 사원들의 부정과 비리행위, 즉 비윤리적 행위를 우려 또는 의심하거나 이를 방지할 수 있는 대책을 세우는 데는 무척 소홀한 편이다.

이건희 회장은 삼성의 가장 중요한 사원의 덕목은 '정직성'

과 '도덕성'에 있으며, 회사는 윤리경영을 최우선 과제로 다루라고 지시하고 있다.

만약, 납품 담당사원이 거래처로부터 술을 얻어먹고, 봉투를 받는 것을 흔히 있을 수 있는 일로 대수롭지 않게 여긴다면, 이는 비윤리의 근본적인 문제이며, 결국 회사에 치명적인 손해를 입힐 수도 있다.

이 회장은 또한 '쓰고 남은 출장비를 회사에 반납하지 않는 것이 지극히 당연한 것이라고 여기면 안 된다.'고 강조했다.

우리나라 대부분의 기업에서 남은 출장비를 반납하는 사례는 거의 없을 것이다. 만약 반납한다면 나중에 출장비가 적게 나올지도 모른다는 우려 때문에, 또는 이미 지출된 돈인데 다 쓰고 가는 것이 당연하다는 식의 그릇된 의식 때문에 남은 출장비를 반납하지 않는 것이다. 이 같은 의식을 버리고 스스로의 청렴도를 높여야 한다.

삼성이 수시로 업무를 감사하고, 자그마한 비용 지출까지도 철저한 증빙자료의 제출을 요구하고 있는 것은 사원들을 의심하고 못 믿어서라기보다는 그러한 계기를 사전에 차단하기 위함이며, 윤리경영의 목적이 있기 때문이다.

창의력이 없는 사원

삼성은 머리를 쓰지 않는 사원, 지식과 상식이 부족한 사원,

창의력이 부족한 사원 등을 필요로 하지 않는다. 스스로를 계발하고 창의력을 갖춘 인재를 원한다.

20세기 말까지 우리 직장인들의 가장 큰 미덕은 '근면과 성실'이었다. 예를 들면, 조금 둔하고 업무처리가 다소 미숙하더라도 착하고 끈기를 가졌다면 윗사람에게 인정을 받았고, 또 그런 타입의 사원을 대부분 경영자들이나 전문 CEO들이 좋아했다.

그러나 21세기에 들어서며 과거와 같은 단순 반복형 업무는 대부분 사라지고, 거의 모든 분야에서 새로운 기술과 창의성이 절실히 요구되고 있다.

따라서 똑똑하고 근면한 것은 물론 창의력이 직원의 필수 불가결한 덕목이 되었다. 글로벌시대, 모든 분야가 전문화되다 보니 전문적인 지식과 기술을 갖추지 않고서는 업무를 제대로 수행할 수 없기 때문이다.

예를 들면, 공학이나 과학기술 전공자라도 경영학을 알아야 하며, 경영학이나 인문사회학을 전공한 사원들 또한 공학이나 과학기술을 반드시 알아야 한다.

지금 세계는 국제경쟁시대로 접어들고 있다. 어제의 노키아, SONY가 우리 삼성에게 경쟁에서 밀리듯이, 우리 삼성이 언제 이들에게 아니 제3의 기업에게 패배할지 모른다.

이러한 상황으로 미루어볼 때, 바로 자기에게 부여된 임무와 역할을 차질 없이 수행해나갈 수 있는 업무능력은 곧 창의력이란 것을 명심해야 한다. 세계적 특허, 세계 1등 상품 개발 등 어떠한 분야도 창의성이 없으면 불가능하다.

이건희 회장은 말한다.

"창의력이 바탕이 되어야 뛰어난 아이디어를 낼 수 있고, 세계적 특허를 딸 수 있다. 아이디어 하나, 특허 하나가 기업에 엄청난 경제적 이익을 가져다주고 국민소득 증대, 국가예산 절감의 효과를 가져올 수도 있다는 사실을 인정해야 한다. 그러므로 조직과 회사 발전에 장해를 주는 무능사원, 문제사원을 교육시키거나 추방하는 것은 기업의 필수적 책임이자 의무사항이라고 할 수 있다."

불평불만형 사원

상사가 자리를 비우면 흉을 보거나, 식사시간 또는 술자리 같은 데서도 기회만 있으면 회사에 대한 불평불만을 늘어놓는 사원들이 있다. 심지어는 거래처에 가서도 자기 회사 욕을 하거나 사장 흉을 보는 사원들도 있다.

사원들의 이런 몰지각한 행동은 한마디로 말해 누워서 침 뱉기이며, 자기 자신을 한없이 비참하게 만드는 행동이다.

그런 사람들을 보면 오죽 무능하고 못났으면 저렇듯 회사에 대해 불평불만을 늘어놓으면서도 계속 그 직장을 다니고 있을까

하고 불쌍하다는 생각까지 든다. 회사의 대우가 못마땅하면 차라리 사표를 내던지고 딴 일을 하든가 아니면 정당하게 시정 요구를 해야 한다.

그도 저도 아니고 뒤에서 불평이나 늘어놓는 것은 더없이 비겁한 태도이다. 결국 자신을 파괴시키는 행위이며 회사 조직을 와해시키는 행위이다.

이건희 회장은 자신 있게 말한다.

“만일 우리 삼성에서 근무하는 사원이 회사의 경영체제나 경영방식 등에 불만이 있거나 문제점이 있다고 생각되면, 즉시 불만인 점과 개선할 점을 지적하여 알리도록 해라. 그것이 만약 타당성이 있다면 반드시 시정하겠다고 약속한다.”

이것이 바로 자본주의 시장경제체제에서 회사를 다스리는 방법이며, 회사를 공정하게 운영하는 방법이다.

사원들이 회사에 대해 불평불만이 있듯이, 회사 역시 개개인에 대해 모든 점을 만족하지 못한다는 점도 생각해봐야 한다. 또한 회사가 사원들의 요구조건을 다 들어준다 해도 조직에서의 불평불만은 사라지지 않는다. 사람의 욕심이란 실로 끝이 없기 때문이다. 이러한 점들은 서로 이해해야만 한다.

어느 사회, 어느 조직을 막론하고 주위에 가장 큰 폐해를 끼치는 건 불평불만을 하는 이들이다. 그런데 이런 사원들의 공통점은 한결같이 무능하다는 것이다.

"매사에 불평을 늘어놓기보다는 먼저 자신의 능력을 기르기 위한 노력을 해야 한다."

예의범절이 없는 사원

'예의범절과 에티켓'은 인간의 기본이며 삼성헌법이기도 하다. 예의범절은 언어, 복장, 버릇, 인사 등에서 나타난다.

① 함부로 말하는 사원

말은 곧 그 사람의 인격이다. 말하는 것을 보면 그 사람이 예의와 교양을 갖춘 사람인지 아닌지를 금방 알 수가 있다.

같은 내용의 말이라도 교양 있게 하는 사람이 있는 반면 또 아주 경망스럽고 천박하게 지껄이는 사람도 있다. 말을 함부로 하는 사람은 예의가 없어 보이고, 신중하고 바른 말을 하는 사람은 예의 바르게 보인다. 이렇듯 언어 예절은 모든 예절의 근본이 된다고 할 수 있다.

② 복장이 단정치 못한 사원

현대인들이 옷을 입는 진정한 이유는 공공의 예의와 격식을 차리기 위해서이며, 또한 자신의 멋과 개성을 나타내기 위해서라고 할 수 있다. 단정한 복장은 회사원의 에티켓이며, 고객을 만족하게 하는 기본이다. 따라서 직장인들은 무엇보다도 용모를 늘 단정하고 깔끔하게 가꾸어야 한다.

③ 버릇이 없는 사원

평소 직장에서는 모범적이었던 직원이 술자리에서 상사에게 버릇없이 술주정을 했다면 용서할 수 있을까? 술 마신 기분에 언행의 실수가 좀 있었다 치더라도 그게 무슨 큰 흉이 될 수 있겠냐고 생각한다면 오산이다.

술버릇에는 그 사람의 진면목이 그대로 나타난다. 도를 넘어선 행위를 한 사람은 언젠가는 그런 일을 저지를 수 있다는 것이다.

따라서 직장상사들과 자리를 같이했을 때는 언제, 어디서나, 예의 바르게 행동해야 한다. 사람 됨됨이는 예절로써 평가된다는 사실을 명심해야 한다.

④ 인사를 제대로 하지 않는 사원

옛말에 '인사 잘해서 뺨 맞는 법 없다.'라는 말이 있다. 인사의 중요성을 강조한 말이다. 그러나 직장에는 인사 예절이 바르지 못한 사원들이 많다. 아침에 출근해서 상사를 만나면 마치 이웃집 아저씨 대하듯 형식적으로 고개만 끄덕이고 지나친다든가, 퇴근할 때 문을 열고 나가면서 상사를 제대로 쳐다보지도 않고 쏜살같이 달려 나간다든가 하는 등의 행동은 절대 해서는 안 된다. 그 순간은 그냥 참고 지나치지만 마음속에는 한참 동안 잔영이 남기 때문이다.

그러므로 윗사람들에게 정중한 태도로 인사하는 습관을 기르는 것 또한 매우 중요한 직장인의 성공비결임을 언제나 명심해야 한다.

"21세기는 인간미와 도덕성 회복 없이 아무것도 할 수 없음을 알아야 한다. 인간미 없이 일류기업이 될 수는 없다. 21세기 도덕성은 인간의 기본 양심이다. 도덕성은 어릴 때부터 키워야 한다. 삼성 직원 여러분의 자녀들은 도덕성을 갖추도록 하여 이 나라의 대표자로 키우기 바란다. 예의범절과 에티켓은 국제화시대에 반드시 필요한 덕목이다. 삼성그룹의 가족들이여! 인간미, 도덕성, 예의범절, 에티켓 등 삼성헌법을 지키자."

국제감각이 없는 사원

'10년이면 강산도 변한다.'라는 말이 있다. 세월이 흐르면 모든 것이 변한다.

21세기인 지금과 20세기의 시대 상황을 비교해보면 참으로 많은 변화와 성장이 있었음을 실감할 수 있다. 특히 첨단과학과 정보산업의 급격한 발전은 우리의 직장환경을 혁신적으로 변화시켰다. 컴퓨터와 인터넷, 스마트폰 등은 이제 우리의 생활에서 필수 불가결한 것이 되었다.

사무실에서 컴퓨터와 첨단통신기기를 이용하여 업무를 보고, 안방에서 컴퓨터 키만 누르면 전 세계의 새로운 정보와 지식을 얻을 수 있다. 쇼핑, 진료 등 직접 현장에 나가지 않아도 모든 것을 사무실이나 안방에서 처리할 수 있는 시대가 된 것이다.

모든 업무가 국제적인 연계성을 가지고, 세계시장을 중심으로 돌아가고 있기 때문에 국제적인 감각과 정보, 지식 등을 가지고 있지 못하다면 업무효율을 증대시키는 것이 불가능하다.

따라서 전 세계가 하나의 시장으로 묶이고, 1일 생활권으로 바뀐 지금, 우물 안 개구리처럼 이 좁디좁은 땅덩어리 안에서만 움츠리고 있겠다는 생각을 하는 사원은 쓸모가 없다.

기업인들도, 직장인들도 이제는 세계인이 되어야 한다. 국제 감각이 없는 사원은 앞으로, 기업에서든 공직에서든 추방대상이 된다는 사실을 명심하여 외국어도 익히고, 다른 나라의 문화에도 관심을 가져야 할 것이다.

고객에게 불친절한 사원

기업의 생명은 고객이다. 고객은 왕처럼 대접해야 한다. 고객을 대하는 행동이나 태도는 그 조직과 회사는 물론 그 나라와 국민성에 대한 이미지에까지 영향을 미친다.

어느 백화점의 여직원 한 명이 불친절하면 고객은 그 여직원을 욕하기에 앞서, 그 백화점 전체를 욕하고, 다시는 그곳을 찾지 않게 된다. 백화점 입장에서 보면, 한 여직원의 불친절로 인해 고객 한 명을 영원히 잃는 것이다.

이런 잠재적 손실이 누적되면 결국은 경영에 어려움을 겪을 수밖에 없다는 사실을 명심해야 한다.

고객의 전화나 방문에 대해 불친절하게 응대하면, 결국은 고객을 잃게 된다. 비단 고객을 잃게 될 뿐 아니라 심지어는 고객을 적으로 만들 수도 있다. 따라서 사원들의 친절교육은 기업의 생명을 살리는 중요성을 가지고 있음을 명심해야 한다.

기업이 무엇인가? 현대는 상품과 함께 서비스를 파는 시대이다. 서비스가 미흡한 회사 제품은 그 누구도 사려고 들지 않는다. 합리적인 면보다는 감정적인 면이 강한 우리 사회에서는 더욱 그렇다. 고객을 왕으로만 대하면 사지 않을 물건도 사는 예가 있다. 어느 외국기업의 사례를 보자.

한 외국인 기업가가 자동차 박람회장을 구경하다가 화장실을 가게 되었다. 그러다가 화장실에서 매우 난감한 상황이 벌어졌다. 마침 박람회에 자동차를 출품한 회사의 직원이 그 상황을 보고 나서서 해결해주었다.

물론 직원은 그가 유명한 기업가인지 몰랐고, 단지 박람회를 찾은 고객의 한 사람으로 여기고 배운 대로 최선의 서비스를 제공한 것이었다.

며칠이 지나 본사에 들른 사원은 놀라운 사실을 알게 되었다. 자신이 도와준 기업가가 그 사원의 고객에 대한 헌신성의 대가로 자동차를 무려 20대나 예약하였던 것이다.

'고객을 왕'이라 생각하고 최선을 다했기에, 그 사원은 자동차 판매왕이 되었다.

고객을 감동시키는 마음, 그것은 조직을 살리고 기업을 살리는 보약이 된다는 사실을 입증한 사례이다.

어린 시절, 어떤 대단찮은 물건을 하나 살 때에도 굳이 멀리 떨어져 있는 단골가게까지 버스를 타고 가서 그 물건을 사 오는 예가 많았다. 단순히 덤 하나 얻어 오기 위해서, 물건값 몇 푼 깎기 위해서가 아니다. 그곳에 가면 나를 단골손님으로 '알아주기' 때문이다.

고객을 알아주는 사원, 나아가 고객을 감동시키는 사원은 회사의 위상, 국가의 위상을 높이고 결국 소득 증대라는 커다란 선물을 받게 된다.

품질제일주의 전략경영

이건희 회장은 신경영을 선언하고 '품질제일주의'의 전략경영을 추구했다. 품질제일주의 전략경영의 가시적인 첫 조치는 불량이 발생하는 라인의 가동을 중지해서 원인을 제거한 다음 생산을 재개하는 '라인스톱제'였다.

삼성전자 수원공장 세탁기 생산라인에서 시작된 라인스톱제는 곧바로 삼성전자의 모든 사업장으로 확산되었다.

물량이 밀려 있는데도 불구하고 라인을 세운다는 것은 생산 담당자들에게 상당한 고통이었다. 그러나 전략적인 경영효과는 대단히 크게 나타났다. 전자제품의 경우, 1993년의 불량률은 전년도에 비해 적게는 30%, 많게는 50% 줄어들었다. 대단한 수치였다.

삼성항공에서는 이와는 다른 방법으로 불량률을 획기적으로 줄였다. 1993년 12월 현장 '자율품질보증요원제'를 도입해서 불량률을 40%나 감소시키는 성과를 올린 것이다.

이 같은 성공사례에 힘을 얻은 삼성은 품질제일주의를 더욱 확고히 하기 위해 다음의 사항을 실천해나갔다.

첫째, 일과 더불어 양 위주의 경영에서 비롯된 부실관행, 특히 매출실적 달성을 위한 밀어내기식 '거품경영'의 관행을 타파해나갔다.

둘째, 삼성생명은 '월말마감제도'를 개선하기로 하고, 종전의 실적 맞추기식 마감 관행을 타파하여 더욱 높은 실적을 올렸다. 삼성전관은 매출계리 기준을 '통관시점'에서 '선적시점' 으로 변경하여 비용을 줄였으며, 삼성물산은 양量 위주의 제도, 관행, 문제점 등 총 1,245건을 분석하여 시정하는 높은 성과를 이룩하였다.

셋째, 불필요하고 과다한 규제와 비현실적인 규정을 개선하여 현장이나 실무조직이 신속한 업무처리를 할 수 있도록 했다. 삼성물산이 전사 전결규정 608개를 102개로 축소한 것이 그 실례이다.

이건희 회장의 품질제일주의 전략경영은 4가지로 압축할 수 있다.

신제품 개발

시장이나 고객이 요망하고, 자사에도 이익이 높아지는 신제품을 개발하는 전략경영을 계속 전개시키고 있다. 휴대폰, 명품 TV, 세계 최초의 초평면브라운관 채용 등 그 효과는 가시적으로 나타나고 있다.

품질보증 및 불량품 방지

제품의 품질을 보증하고 또한 불량품의 제조를 방지하기 위해서이다.

품질개선 및 고급화 그리고 원가절감

제품이 타사와의 가격경쟁에서 지면 이익률이 낮아지는 것은 당연하다. 이런 일이 생기지 않도록 계획적으로 품질개선 내지 고급화와 원가절감의 대책을 강구하고 있다.

품질의식과 품질개선 의식

전 그룹의 직원들에게 불량품의 재발을 방지시키고 제 방법의 개선을 촉구하고 있다. 따라서 이건희 회장은 ① 품질 표준의 설정, ② 제품의 검사, ③ 품질의 유지 및 향상, ④ 품질관리의 기법을 터득하기 위한 교육과 훈련을 하도록 권장하고 있다.

정보화 전략경영

전략경영은 정보화 부문도 예외는 아니었다. 경영그룹 전체 전산망 통합 및 정보인프라 구축을 한 것이다.

1990년대에 들어서면서 이건희 회장은 삼성이 시장환경에 효과적으로 대응하고 경쟁력을 키울 수 있도록 경영전략과 정보활용기술을 접목시킨 전략정보시스템SIS: Strategic Information System의 구축을 단행하였다.

SIS를 구축하자면 시스템화를 위한 방향이 경영전략 차원에서 명확히 제시되어야 하고, 기술 중심이 아닌 전략 중심의 새로운 기능을 정보시스템 기능과 결합할 필요가 있었다.

이를 위해 삼성은 우선 그룹 정보시스템 부문 구조개편에 관한 기본방침을 확정했다. 삼성SDS를 그룹 소프트웨어 부문의 중심체로 육성하고, 1차로 그룹 정보시스템 추진기능을 이관하였다.

구조개편은 그룹 차원에서 장기적인 안목 아래 전략적으로 추진하되, 관계사 정보시스템 부문의 인력과 컴퓨터 관련설비를 삼성SDS로 이관하여 일괄계약 형태로 종합적으로 관리하도록 했다.

또 하나의 성공적 전략은 초고속통신망 설치였다. 6개월간의 설계과정과 1년여의 실사를 통해 초고속통신망이 1995년 1월에 1차로 완성되었다. 전국 82개 연결접점 사이를 250여 개의 고속통신선로로 연결함으로써 컴퓨터통신 응답속도를 2초로 단축시킬 수 있었으며, 통신망 장애율을 0.01%대로 유지할 수 있게 되었다.

정보화시스템의 구축도 중요하지만 불의의 재해로부터 컴퓨터와 통신설비, 각종 데이터를 보호하는 것도 중요하다. 이를 위해 1992년 5월 1일에는 과천 정보네트워크센터를, 1996년 6월 11일에는 구미 정보네트워크센터를 개관하여 두 곳의 정보네트워크센터를 운용하도록 하였다.

특히 구미 정보네트워크센터에는 그룹의 국내 관계사 및 해외본사 상황을 종합관리할 수 있도록 40인치 모니터 108개로 이루어진 국내 최대의 종합상황판을 설치하였다.

국내에서 그룹 차원의 전산자원 백업을 위해 별도의 정보네트워크센터를 세운 것은 삼성그룹이 최초였다. 21세기 삼성그룹은 정보화 전략경영 구축을 세계화할 것이다.

고객만족 전략경영

이건희 회장의 가장 큰 관심인 전략경영은 복합화 전략을 접목시킨 고객만족 전략경영이었다. 고객만족 전략경영은 삼성생명의 경쟁력을 강화하고, 초일류기업의 성장기반을 구축하려는 혁신적 의지로, 종합생활서비스를 통해 고객만족 경영을 본격화하는 체제이다.

이를 위해 1993년부터 고객만족지수를 개발하여 활용하기 시작했는데, 모든 고객접점에서 고객의 만족, 불만족 요인 및 정도를 파악해 고객을 지향한 질 위주 전략경영 수립의 기초가 되었다.

이어 같은 해 6월에는 고객접점 현장에서의 신속한 지원과 지원부서 근무사원의 의식고취 및 전 사원의 일체감 조성을 위해 실질적인 지원방안을 모색하는 Q-Meeting 운동을 전개하여 성공을 거두었다.

특히 불만이 있어도 이야기를 하지 않는 '침묵고객'을 찾아 끊임없이 의견을 청취하고, 이를 개선해나가기 위하여 '고객의 소리 청취 정보시스템'을 개발·가동하였다. MYCS My Customer Satisfaction 라고 명명된 이 시스템을 활용해 항상 고객의 소리를 청취하고 해결 및 피드백을 함으로써 불만사항이나 요구에 신속히 대응하고자 한 것이다.

또한 1994년 5월에는 세계 보험업계 최초로 '보험품질보증제도'를 선언하였다. '불완전판매나 부실서비스는 하지 않겠다.'는 의지를 천명闡明하여 보험산업의 신기원을 이룩한 삼성은 나아가 고객의 창구내방 불편을 해소하기 위한 편의제도인 '365일 하나로 서비스'로 보험거래 자동화를 추진하였다.

자율 전략경영의 소그룹체제

이건희 회장은 우리나라 대기업 중에서는 제일 먼저 소그룹체제를 도입함으로써, 소그룹단위의 자율경영을 강화해 시장변화에 신속히 대응하는 창의적인 조직을 만드는 한편, 대규모 복합기업의 장점을 살리고자 하였다.

구체적으로 설명하면, 1994년 10월 삼성그룹의 24개 관계사를 전자소그룹, 기계소그룹, 화학소그룹, 금융소그룹 등 4개 중핵사업군과 독립사업군으로 재편하였다.

이 내용을 자세히 구분하여 보면 다음과 같다.

첫째, 전자소그룹은 삼성전자, 삼성전관, 삼성전기, 삼성코닝, 삼성SDS 등을 포함시켰다.

둘째, 기계소그룹은 삼성중공업, 삼성항공, 삼성시계 등을 포함시켰다.

셋째, 화학소그룹은 삼성종합화학, 삼성석유화학, 삼성정밀화학, 삼성비피화학 등으로 하였다.

넷째, 금융소그룹은 삼성생명, 삼성화재, 삼성카드, 삼성증권 등으로 하였다.

다섯째, 독립회사군은 삼성물산, 제일모직, 삼성종합건설, 삼성엔지니어링, 삼성에버랜드, 신라호텔, 제일기획, 중앙일보 등으로 하였다.

「삼성 50년사」에 따르면, 소그룹에는 소그룹 장長을 두고 지원조직을 만들었으며 그룹, 업종별 소그룹, 관계사의 역할을 다음과 같이 정리하였다.

(1) 그룹은 소그룹 장들로 구성되는 그룹 운영위원회를 통해 그룹의 진로 및 방침을 결정하고, 사업구조 전략, 사회사업 등 공익활동과 국제화 및 전략·재무·인사·감사·홍보 등을 전담하며, 기업문화와 가치관을 관리한다.

(2) 소그룹은 해당업종의 장기 비전과 전략, 회사별 전략 및 사업조정, 전략 감사기능을 담당한다.

(3) 관계사는 전략 및 방침의 실천, 업적에 대한 책임을 지는 경영을 한다.

이러한 소그룹제의 도입으로 인해 회사의 업적평가도 소그룹의 특성에 맞게 조정하였으며, 소그룹의 장이 인사, 급여, 승진, 채용, 업적평가 등 인사권을 갖도록 하였다.

하지만 소그룹체제를 도입했다 하더라도, 궁극적으로 경영의 단위는 개별회사인 만큼 윤리적으로 공정체제 확립을 위한 공개원리 원칙하에 기자재 공급, 건설공사 도급, 광고물 제작 등을 실시하도록 하였다.

국제화 전략경영

삼성그룹은 러시아의 개방정책과 제6공화국의 북방정책에 힘입어 1980년대 후반부터 공산권 지역과의 비즈니스가 활발하게 전개되도록 국제화 전략경영을 목표로 하였다.

삼성전자는 국내기업 최초로 동구권 헝가리에 컬러 TV공장을 세우기로 하고, 헝가리 오리온Orion Radio Electrical Works사와 합작투자 합의서를 교환하였다. 그때가 1988년 9월 24일이었다.

이어 삼성물산은 1989년 국내기업으로는 처음으로 공산권 국가와의 3국간거래를 성사시킴으로써 공산권 무역의 새로운 장을 열었다.

1992년 한 · 중 수교가 이루어지자, 삼성은 우리나라 기업으로는 처음으로 톈진天津에 대규모 합작법인을 설립하여 양국의 전자산업 발전을 위한 중요한 초석을 마련했다. 또한 삼성전자 서비스 기술팀을 동구지역에 파견해 주요 지역을 순회하면서 삼성 제품의 고장 · 수리에서부터 제품 사용 교육까지, 현지 소비자에게 직접 서비스하는 제도를 국내 최초로 도입하였다.

이어 1997년에는 러시아, 카자흐스탄, 폴란드, 우크라이나, 루마니아, 불가리아 등 모두 12개국을 대상으로 '컨트리 마케팅'을 펼쳤다. '컨트리 마케팅'이란 해당 국가 전체를 대상으로 종합적인 지원과 협력을 하면서 마케팅 활동을 전개하는 방식이다. 이를 실현하기 위해 이건희 회장은 컨트리 매니저를 두고, 각 나라 실정에 맞는 정책자문을 하면서 마케팅을 강화해나갔다.

21세기에 접어들어 이건희 회장은 각국을 돌면서 국제화 전략경영을 적극 추진하여 해외기업을 인수하거나, 해외의 파트너와 합작하는 데 힘을 쏟았다. 그 결과 현지 지향적 인력관리는 물론 해외 본사제 도입, 해외 복합생산단지 조성, 해외 핵심사업 집중육성 전략 등 국제화전략의 성공을 거두고 있다.

이 회장은 미래에 닥칠 '반도체발 태풍'에 대비하여 미국, 일본, 유럽 등을 순방하면서 글로벌 경제상황을 직접 점검하는 등 이 시간에도 국제화 전략경영을 지속하고 있다.

제5부

패러다임의 대전환: '천동설 경영'에서 '지동설 경영'으로

CSR: Corporate Social Responsibility 스토리

이건희 회장이 말하는 사회적 책임CSR: Corporate Social Responsibility이란 '사랑의 빛 나눔의 별'이라는 슬로건 하에 기업시민으로서 사회구성원들과 서로 돕고, 사랑을 나누는 것이다.

'천동설 경영'에서 '지동설 경영'으로

20세기말까지 기업은 이익을 목적으로 천동설天動說 경영을 해왔다. 그러나 21세기 기업은 사회적 책임CSR을 가지는 지동설地動說 경영으로 변해야 산다. 그야말로 대전환의 패러다임이 필요한 것이다.

천동설 경영은 기업을 중심으로 중요한 행성들–고객, 종업원, 주주, 시민사회NGO, 지역사회 등 이해관계자–이 돌고 있는 것이다. 이때 기업은 오직 이익의 극대화만 추구한다.

그러나 지동설 경영은 이해관계자, 즉 고객, 지역사회, 종업원, 시민사회NGO, 주주 등 모든 행성을 중심으로 지구(기업)가 돌아야 한다는 것이다.

기업은 이제 이해관계자를 중심으로 돌아가면서 봉사하고, 사회공헌 활동을 하는 등 사회적 책임을 다해야 한다. 그래야 지속적으로 성장하고, 상호 이익을 얻음으로써 상생하면서 존속하게 될 것이다.

삼성 역시 지금까지는 기업 중심의 천동설 경영을 해왔다. 삼성을 중심으로 고객, 종업원, 주주, 지역사회 등 이해관계자들의 행성들이 돌고 있었다. 따라서 기업은 오직 이익의 극대화만 추구했다.

그러나 이건희 회장은 신경영을 주창하며 지동설 경영을 시작했다. 즉 이해관계자 중심의 경영을 실천하고 있으며, 앞으로도 계속 지동설 경영을 할 것이라고 천명하였다. 고객, 지역사회, 종업원, 주주, 사회, 국가 등 모든 행성을 중심으로 기업이 돌아가야 한다는 것이다.

이렇듯 기업은 이해관계자를 중심으로 돌아가면서, 봉사와 사회공헌 활동을 하고, 사회적 책임을 다해야 지속 가능하게 성장하고 상호이익을 보며, 상생하면서 지동설경영을 펼쳐야 삼성은 세계적 기업으로 우뚝 서게 된다는 것이다.

사회적 책임의 모형

1987년 12월 '제2창업'이라는 캐치프레이즈를 걸고 삼성의 경영을 맡은 이건희 회장은 자신의 경영사상인 목계의 철학을 바탕으로 기업의 가치체계를 사회적 책임에 두고, CSR 경영에 많은 관심을 가졌다. 이에 기업이 가지는 사회적 책임의 형성과정에서부터 구체적 실현까지를 아우르는 다음의 4가지 항목을 다짐했다.

첫째, 인간미와 도덕성을 바탕으로 기업시민으로서의 역할을 다함으로써 인류사회에 공헌할 것을 다짐하였다.

둘째, 미래를 가꾸려는 사람들과 힘을 합쳐 보다 풍요롭고 건강한 사회를 만들며, 함께 누릴 삶의 질을 높이기 위하여 노력해야 한다고 다짐하였다.

셋째, 세계와의 교류에 힘쓰고, 지구환경 보호에 앞장서 살기 좋은 지구촌을 만들어가겠다고 다짐하였다.

넷째, 지역사회 봉사에 지혜와 땀을 쏟아, 기쁨과 보람을 사회와 함께하겠다고 다짐하였다.

사회적 공헌은, 어느 때 존경의 대상이 되는가를 결정하는 기준이 되며, 사회적 기업의 가치체계와 연관이 있다.

이건희 회장의 가치체계가 기업경영, 기업의 사회적 지향성, 장기적 전략 방향 측면에서 구현되어, 구체적으로 어떻게 기업의 사회적 책임으로 실천되었는가를 다음과 같은 실천 모형에서 찾아볼 수 있다.

(1) 기업의 존속, 유지, 발전의 책임으로 이건희 회장이 가장 근본적으로 강조했던 기업존재의 근거가 되는 경영활동이다.

(2) 이해관계자의 이해관계 조정 책임이다.

(3) 사회발전을 위한 책임으로 다음 사항을 포함한다.

① 사회보건복지의 증진

② 교육 지원

③ 문화예술 지원

④ 체육 스포츠 지원

(4) 자연환경보호 책임으로 지구환경 보호에 동참하는 것이다.

(5) 사회봉사단 활동으로 구호활동을 펼치기 위해 지역사회는 물론 지구 어느 곳의 위기 발생지역에서도 삼성사회봉사단이 출동하여 도움을 준다는 것이다.

사랑의 별, 나눔의 별

과연 21세기 기업의 사회적 책임 전략은 무엇이며, 기업을 지속 가능한 경영으로, 사랑받는 기업으로 성장하게 하는 CSR 전략은 어떠한 방정식으로 이루어져야 하는가?

CSR 전략 방정식은 CSR 전략을 실천 가능하게 구축하는 독립변수로서, 경영자의 의지(will)가 필요하고 그것이 실행되는 과정 속에서 사회적 공헌전략의 조절변수가 그 역할을 시행하여야 매출과 수익의 증가를 가져오는 경영성과, 즉 실현하는 종속변수의 결과로 나타나는 사회적 책임 종속변수의 모형이 되는 것이다.

따라서 CSR 전략의 방정식은 매우 간단하게 구축할 수 있으며, 기업이나 기관, 산업에서 매우 용이하게 해답을 풀 수 있다.

CSR 전략 방정식의 이념과 비전은 다음과 같다.

(1) 기업의 경영이념은 기업의 존재 이유와 기업목적에 두어야 한다.
(2) 기업비전은 경영이념의 실현과 CEO의 사회공헌 실현에 두어야 한다.
(3) 기업전략은 기업비전의 실현으로, 사회적 책임전략의 수행으로 이뤄져야 한다.

기업전략과 사회적 책임전략은 조화와 융통성을 가지고 통합하여 수행할 때 CSR 방정식의 해답을 얻을 수 있다.

이건희 회장의 CSR 전략 방정식은 바로 이러한 이념과 비전, 철학, 전략 등에서 찾고 있다. 이것을 4단계로 나누어 보기로 하자.

제1단계는 경영이념의 실현에 있다. 경영이념의 실현은 기업의 존재 이유와 존재 목적 등에서 찾아야 한다.

제2단계는 기업비전의 구상으로 경영이념 실현, CEO 사회적 공헌 철학 실현 등에서 찾아야 한다.

제3단계는 기업전략을 수행하면서 기업비전의 실현 등으로 경영성과를 창출하고 있다.

제4단계는 CSR 전략의 수행으로 기업이념과 사상, 기업비전, 기업전략 등에서 찾고 있다.

이건희 회장의 사회적 책임CSR을 위한 기업 선포는 경영이념을 기본으로 한 비전과 연계되어 있으며, 사회적 책임을 실현하기 위한 것으로 다음의 3가지를 특징으로 하고 있다.

첫째, 이건희 회장 자신의 개인적 신조를 명시하고, 비전을 선포하여 실효성을 가지도록 했다.

둘째, 이건희 회장의 CSR은 국내외적 환경변화에 대응하는 경영정책과 전략으로 실천적 정신과 실천적 행동양식 등 기업경영활동의 방향 설정을 명시하고 있다.

셋째, 이건희 회장의 CSR은 경영권 행사의 기본적 지침을 명시하고 있으며, 사회적 책임활동의 실적과 성과로 나타내고 있다.

1994년 삼성사회봉사단이 발족한 후, 이건희 회장의 사회공헌 집행 실적은 지속적으로 성장했다. 1997년 외환위기 때 일시적으로 감소했으나, 2000년대 이후 21세기가 시작되면서부터 사회적 공헌은 지속적으로 높은 증가세를 나타내고 있다.

이건희 회장은 2004년 4,716억 원을 포함하여, 지난 10년간 1조 9,384억 원을 사회공헌과 관련하여 지원하였다. 2005년부터 2011년까지 사회공헌 추진방법별 집행금액의 구체적인 변화 추이를 보면, 사회공익사업을 통한 사회공헌 활동 금액은 매년 상당한 변화를 보이고 있으며, 기부협찬을 통한 활동은 상승세로 나타나고 있다.

이건희 회장은 사회적 책임CSR 의지를 대내외적으로 명확히 밝히기 위해 1995년 5월 심벌마크와 슬로건을 제정했다.

'사랑의 별 나눔의 별'이라는 슬로건과 함께 5가지 색상으로 되어 있는 별 모양의 심벌마크는 전통 민속놀이를 이미지화하여 사회복지, 환경보전, 문화 · 예술, 학술 · 교육 및 체육진흥, 자원봉사 등 5대 사회적 책임활동 분야를 지원하고 있다.

노블레스 오블리주 사상과 실천

이 슬로건에 맞추어 '노블레스 오블리주' 사상을 5가지 분야로 맞추었다. 노블레스 오블리주의 실적은 학술 · 교육 분야에 대한 투자가 가장 많은 부분을 차지하고 있으며, 사회복지, 문화 · 예술, 체육진흥, 환경보전 순으로 나타나고 있다.

주목할 것은 문화 · 예술 분야의 금액이 꾸준히, 그리고 최근 들어서는 급격히 증가한다는 것이다. 이런 추세라면 곧 사회복지 분야를 앞지를 것으로 예측된다.

임직원들의 자원봉사 참여율은 40%대에서 70%대를 오르고 있으며, 봉사시간도 증가하는 것으로 나타났다. 임직원의 봉사활동비를 시간당 3만 원으로 설정하고, 평균 급여수준의 인건비로 추산할 때 지난 10년간 임직원의 자원봉사 활동은 2천억 원 정도의 가치를 갖는다고 추정할 수 있다.

사회복지활동

이건희 회장은 더불어 잘 사는 사회를 구현하기 위해 국민들의 삶의 질을 향상시키는 사회복지사업에 중점을 두었다.

소외계층에 대한 지원은 어린이부터 노인에 이르기까지 손길이 닿는 모든 곳에 이르고 있으며, 특히 우리 사회의 그늘에 있는 사람들을 비롯해 상대적으로 소외된 농어촌의 발전을 위하여 많은 노력을 하고 있다.

그 사례로 어린이와 청소년이 행복한 세상 만들기, 소외된 어르신을 감싸 안는 사랑의 전달, 장애인 · 비장애인이 함께 손잡고 걷기, 저소득층과 복지시설을 돕는 지원활동 등 지난 8년 동안 6,396억 원, 지난 한 해만 해도 무려 1,573억 원을 사회에 공헌하였다.

학술 · 교육 지원 및 스포츠 진흥활동

이건희 회장은 21세기 지식정보화사회에 부응해 다양한 학술교육사업을 전개하여 인재 육성과 학문 발전에 이바지하고 있다. 또한 스포츠 진흥활동을 통해 국위 선양에 이바지하는 한편 올림픽 등 국제대회에 활발한 스포츠 마케팅 활동을 펼쳐 해외에 한국과 삼성을 알리고 있다.

이에 대한 구체적인 활동으로 성균관대학교, 중동학원, 삼성경제연구소, 삼성언론재단을 중심으로 학술과 교육부문의 다양한 지원활동을 하고 있으며, 차세대 인재양성 프로그램 개발, 스포츠를 통한 인류평화, 행복의 기여로 국내외 스포츠계에 적극적인 지원활동을 하고 있다.

학술 · 교육부문은 지난 8년간 7,161억 원을 지원하였으며, 지난해에는 1,851억 원을 지원하였다.

문화 · 예술 지원활동

이건희 회장은 고유의 민족문화를 계승 · 발전시키고, 새로운 문화를 창조하는 촉매제 역할을 하고 있다.

미술관과 공연장 등 다양한 문화시설을 마련하고, 다채로운 프로그램을 운영해 일반인이 수준 높은 문화생활을 누릴 수 있도록 했다. 그리고 문화 소외지역에 대한 지원도 아끼지 않아, 문화저변 확대에 기여하고 있다.

그 사례로 생활 가까운 곳에 자리한 친근한 문화공간, 문화소외계층이 없는 사회실현 등에 지난 8년간 무려 4,557억 원을 지원했으며, 보통 1년간 1,115억 원을 지원했다.

자연환경 보존의 책임

이건희 회장은 '생명존중사상'을 바탕으로 사후 보완적 환경활동에서 벗어나 광의의 환경개념을 도입한 '녹색경영'을 전개하며, 국내기업의 환경보존 활동방향을 21세기형으로 혁신하고 있다.

그 사례로 환경, 안전, 보건경영으로 녹색 사업장 실현, 지역사회와 함께하는 다양한 환경정화 활동, 생태계 복원을 위한 노력, 해외현지 봉사활동, 지구환경보호운동 전개 등에 많은 금액을 지원하고 있다.

사회봉사 활동의 책임

이건희 회장은 지역사회와 소외계층을 위한 '나눔경영 실천'을 강조하고, 단순히 경제적인 지원뿐만 아니라 질적 차원의 임직원 봉사 프로그램을 대폭 확충해 '행복하고 건강한 공동체 만들기'에 앞장서고 있다.

삼성 임직원은 어려운 이웃에 희망을 주는 '삼성인 자부심 심어주기' 운동을 전개하며, 근무만족을 극대화하고 있다. 그 사례로 존경받고 사랑받는 기업이 되는 사회적 책임활동 실천, 소년소녀가장 돕기, 희망의 공부방 만들기, 열린 장학금 지원, 삼성 어린이집 건립, 행복둥지 만들기, 농어촌 환경개선, 밝은 얼굴 찾아주기 등이 있다.

CEO와 임직원이 함께하는 봉사활동은 지난 8년간 참여인

원 507,600명, 연인원 2,045,000명, 봉사팀은 12,555팀, 봉사 시간은 6,322,000시간에 이르고 있다.

실제 금액으로 지난 1996년에서 2004년까지 통계적으로 나타난 공익사업에 1조 933억 원, 기부협찬에 7,234억 원, 자원봉사 활동에 320억 원을 지원하였고, 삼성인 1인 평균 7.2시간을 사회봉사에 실천하였음이 조사되었다.

사회적 책임을 이행하는 재단

'노블레스 오블리주Noblesse Oblige'의 전통과 풀뿌리 기부문화가 확산되어 있는 미국 등 서구에 비해 아직까지 우리의 기부문화는 걸음마 단계라고 할 수 있다.

기부와 사회공헌으로 행복과 균형 있는 사회발전을 도모하는 길에 우리 모두 '아름다운 동행'을 함께하기를 바라는 마음에서, 사회적인 책임을 지원하는 삼성 이건희 회장이 지원하는 재단을 살펴본다.

삼성문화재단

1965년에 설립된 삼성문화재단은 그동안 성균관대학교 운영과 같은 육영사업을 비롯해서 도의道義 계몽운동, 삼성문고 발간, 호암미술관 건립과 우리 문화유산의 수집 · 보존 등 물질보다 정신이 풍요로운 사회를 만드는 데 앞장서고 있다.

삼성생명공익재단

1982년에 설립되었으며, 의료사업을 최우선 공익사업 분야로 선정하고, 삼성의료원 설립 등 의료관련 작업을 추진하고 있다.

삼성복지재단

1989년 12월에 설립되었으며 '함께 잘 사는 행복한 사회를 만들어보자.'는 호암 이병철 선대회장의 의지를 받들어 다각적인 공헌을 하고 있다.

삼성언론재단

언론인의 전문성을 강화하고 재교육 기회를 부여하고자, 언론인을 대상으로 해외연수와 국내연수를 지원하는 사회공헌사업을 하고 있다.

삼성 이건희 장학재단

이공계를 중심으로 각 분야의 우수인재를 고르게 발굴 · 지원하는 공헌사업을 하고 있다.

호암재단

1990년에 설립되었으며, 삼성 창업주인 호암 이병철 선대회장의 사회공익정신을 계승하여 사회 각 분야에서 탁월한 업적을 이루어 학술, 예술 및 사회 발전과 인류복지 증진에 공헌한 인사들을 포상하는 목적으로 이루어졌으며, 이를 위해 '호암상'을 제정했다.

삼성사회봉사단

이건희 회장이 '신경영정신'의 하나로 강조해온, 인간미와 도덕성 회복의 구체적 실천방안으로 '자원봉사'를 권장한다. 급속한 경제성장의 후유증으로 만연되기 시작한 물질만능주의와 개인 및 집단이기주의의 심각성을 인식한 삼성의 임직원들이 자원봉사 활동에 적극적으로 참여하고 있다.

이상 지난 20여 년 동안 추진해온 CSR의 업적은 사회적 책임활동을 기업문화로 정착시켰다는 것과, 우리나라 수많은 기업들의 사회적 책임활동을 선도하고 '노블레스 오블리주'의 덕목을 실현하여 사회 발전에 동행하고 있다는 것이다.

제6부

21세기 글로벌문화를 지향한다

기업문화 스토리

21세기 새로운 국내외 환경 변화는 디지털 혁명과 글로벌화라는 무한경쟁에서 살아남기 위한 새로운 대응 패러다임을 모색하지 않으면 어렵게 되었다.

이에 따라 이건희 회장은 21세기 지속가능한 경쟁력을 배양하고, 스스로의 변신을 통해 글로벌기업으로서 역할과 책임을 수행해야 한다는 사명의식을 갖게 되었다. 그것이 바로 인류사회에 공헌할 수 있는 세계적 초일류의 기업문화를 구현하는 것임을 알게 된 것이다.

이건희 회장은 기업성장의 기초가 되는 이익을 창출하는 동시에 환경경영을 추진하고, 기업의 사회적 책임을 인식하여 '나눔경영'을 실천함으로써 글로벌사회에서 신뢰받는 윤리경영의 '굿컴퍼니Good Company'를 만들기로 결심하고, 삼성이 위대한 기업을 넘어 사랑받는 기업으로 거듭날 수 있도록 방향을 설정하였다.

세계 속의 초일류문화 구현

이건희 회장은 일찍이 1996년을 해외부문 신경영 실천의 원년元年으로 정했다. 지금으로부터 16년 전이다.

오늘날 삼성이 세계 속의 초일류 삼성으로 자리매김한 것은 '삼성인의 글로벌화', '현지인의 삼성화' 그리고 '본사의 글로벌화'를 핵심과제로 추진해온 결과이다.

그 사례는 다음과 같다.

삼성중공업 미국 판매법인

고객만족 경영을 철저히 수행함으로써 미국의 캐터필라Caterpillar와 일본의 고마쓰小松 등과 비교할 때 제품력, 품질수준,

판매망 면에서 이미지를 쇄신하는 데 성공하였다.

삼성전관 말레이시아 공장

제조라인의 관리를 현지인 체제로 바꾸면서 결근율과 퇴사율을 낮추었을 뿐만 아니라, 지역사회의 취업선호도 1위의 기업으로 부각되었다.

삼성전기 태국법인

'우리는 하나We Are One'라는 한마음운동을 전개하여, 결근율과 퇴사율을 2% 미만으로 낮추었으며, 노사분규가 없는 조직문화를 조성하는 데 성공하였다.

삼성전자 해외 판매법인

질 향상을 위한 마케팅 활동을 해외에서 전개함으로써 고객지향의 기업문화를 구축하였다. 특히 중국 광저우廣州의 삼성전자 지점에서는 고객만족을 위한 '차별화, 복합화, 정보화 전략'을 구사하여 삼성신화의 서막을 열었으며, 중국시장의 교두보를 확보하였다.

인간존중과 기술중시

신경영 이후, 이건희 회장은 '세계경영'의 기치를 걸고 해외로 진출, 글로벌화의 물결에 편승하여 '세계화 전략', '정보화 전략' 등 융복합화 전략을 과감히 추진하여 성과를 이루었다.

이것은 삼성이 '인간존중'과 '기술중시'의 바탕 위에서 최고의 제품과 서비스를 창출하여 세계시장에 도전하고, 고객 지향의 이타주의 문화를 창조함으로써 인류사회에 공헌하는 글로벌 초일류기업으로 도약하려는 의지의 표출이었다.

이건희 회장은 삼성의 사업장이 있는 곳이면 세계 어디서나 '현지화 전략' 을 구사하여 지역사회의 각종 사회문제에 동참하고, 지역주민의 삶의 질을 향상시키기 위한 지원을 적극 추진하는 등 이질적인 문화를 아우르는 기업풍토를 조성하는 데 진력하였다.

삼성의 해외본사제도는 세계 속에 삼성문화를 구현하여 '글로벌 시민기업'으로서 위상을 정립하는 경영 전략의 하나이며, 세계화의 경영환경 속에서 '삼성인의 정신'을 기본으로 인류사회에 공헌하기 위한 글로벌 삼성문화를 실시하고자 함이다. 삼성문화의 특성을 정리하면 다음과 같다.

창업이념

사업보국事業報國, 인재제일人材第一, 합리추구合理追求에서 시작하여 1970년대 삼성정신을 계발하면서 달라지기 시작하였다. 당시의 삼성정신은 창조정신, 도덕정신, 제일주의정신, 완전주의 정신, 공존공영정신 등이었다.

제2창업정신1992년

인간존중, 기술중시, 자율경영 등으로 시작한 삼성인의 정신은 '고객과 함께한다', '세계에 도전한다', '미래를 창조한다'로 변화되었다.

질 위주의 경영문화

1993년 삼성의 신경영 이념이 표명되면서 '질 위주의 경영문화'로 변화되었다. 인재와 기술을 바탕으로 최고의 제품과 서비스를 창출하여 인류사회에 공헌하는 기업문화를 추구하게 된 것이다.

21세기 5가지 핵심가치

2005년 이건희 회장은 21세기 삼성의 경영원칙, 핵심가치를 선포하였다. 그것은 바로 삼성의 21세기 5가지 핵심가치로 새로운 기업문화를 형성하는 계기가 되었다. 구체적으로 ① 인재제일, ② 최고지향, ③ 변화선도, ④ 정도경영, ⑤ 상생추구 등 청렴성을 필두로 하는 윤리경영 사상과 사회적 책임CSR 사상을 지속가능경영의 철학으로 선포하였다.

글로벌 메세나 활동

이건희 회장은 1990년대부터 해외진출 지역에서의 '합리적 공생주의 경영'을 실현하기 위하여 글로벌 메세나Global Mecenat 활동계획을 수립하였다. 이는 진출국별, 지역사회별 정서와 환경에 부합되는 봉사활동을 전개함으로써, 그 지역사회와의 유대강화에 진력하는 것이다.

특히 그 지역사회의 현안을 타개하기 위한 재정적 지원에서부터 임직원의 자원봉사 활동과 현지인과의 각종 교류활동은 물론 국가 이미지 제고를 위한 '한국 알리기 활동'에 이르기까지 점차적으로 메세나 활동영역을 넓혀나갔다.

삼성은 진출국별로 대표법인을 선정하고, 그 지역의 본사가 중심이 되어서 구체적인 메세나 활동계획을 수립 · 시행하여 큰 성과를 보이고 있다. 이러한 글로벌 메세나 활동은 '인류사회에의 공헌'을 구현하기 위한 봉사활동으로서, 초일류기업으로 성장하는 삼성의 위상을 정립하려고 노력하는 스토리이다.

1996년 5월 15일 삼성 이건희 회장은 '생명외경사상生命畏敬思想'을 바탕으로 사랑과 자연을 존중하는 기업활동을 통하여 인류의 풍요로운 삶과 지구 환경보전에 이바지한다는 녹색경영선언문綠色經營宣言文을 발표하고, 환경친화적인 경영을 전개하기 시작하였다.

삼성지구환경연구소 발족

삼성지구환경연구소는 삼성그룹 내의 사업장 관리뿐 아니라 국내외 환경정책 연구, 환경관련 민간단체 지원 및 지구환경보전을 위한 국제적인 노력에 이르기까지 선도적 역할을 수행해왔다.

인간과 환경을 존중하는 삼성의 녹색경영은 환경의 소중함을 일깨워주고, 질 높은 기업환경을 조성하려는 기업문화의 한 단면이다. 국내뿐만 아니라 삼성이 진출한 지구촌 곳곳에서 전개되고 있으며, '글로벌경영과 인류는 하나'라는 인간존중 경영의 진면목을 보여주고 있는 것이다.

황사 및 사막화 방지 기여

삼성전자는 한·중 우의림韓中友誼林 조성을 지원함으로써 '중국 내 황사 및 사막화 방지'에 기여하였고, 태국, 베트남, 인도네시아, 필리핀, 싱가포르, 호주 등의 여러 나라에서 '청소년을 위한 디지털 정보교육환경'을 마련해주는 활동을 펼치고 있다.

희망의 4계절 자선행사

미국에서는 불우 어린이와 그 가정을 돕는 '희망의 4계절 자선행사'를 시행하고 있다. 또한 미국 청소년들을 대상으로, '꿈과 희망의 에세이'를 공모하여 자선 마케팅 활동을 펼치는 등 다양한 글로벌 메세나 운동을 전개하고 있다.

이건희 회장은 정부의 UN 인권활동방침에 따라 개인용 컴퓨터를 비롯한 전산장비 등을 UN 인권위원회에 지원하였고, 국제기구와의 연계를 통하여 '국제사회의 메세나 운동'에 적극 참여함으로써 글로벌기업으로서의 성숙된 모습을 보여주었다.

6 · 25전쟁 참전국에 대한 보은報恩 사업 추진

이건희 회장은 6 · 25전쟁 참전국에 대한 보은 사업을 추진하여 국제사회에서 우리나라를 성숙한 동반자로 인식시키는 데 크게 공헌하였다. 뿐만 아니라 IOC 위원 자격으로 스포츠를 통해 글로벌 메세나 활동에 참여하였고, 본격적인 세계경영시대에 부응하여 삼성이 진출한 국가에서 한국에 대한 이해를 높였으며, 현지화 경영의 후방지원과 그 지역에서의 공생주의 경영을 실현하기 위한 '삼성글로벌 파트너십 프로그램'을 시행하고 있다.

이와 같이 이건희 회장의 글로벌 메세나 활동은 '더불어 잘 사는 사회공동체'를 구현하기 위한 '눈에 보이지 않는 사회적 책임 이행'의 표본이라고 할 수 있다.

신경영 이후 2012년 현재까지 삼성은 '인류사회에 공헌한다.'는 경영이념을 실현하기 위하여 기업성장을 이루어 글로벌 초일류기업으로 도약하고, 적극적인 메세나 활동을 통하여 '사회적 책임'을 이행하고 있으며, 사회와 공생하는 기업문화를 조성함으로써 고객과 사회와의 약속을 지켜나가고 있다.

7S의 기업문화 형성

'기업문화企業文化'란 오랜 세월에 걸쳐 형성된 기업 특유의 성격으로, 구성원 각각의 행동에 중요한 요인으로 작용하며 나아가 사회적으로도 어느 정도 고착된 의미를 갖는다.

일본과 미국의 우수한 기업을 연구한 리처드 파스케일Richard Pascale과 톰 피터스Tom Peters가 제시한 기업문화의 7가지 구성요소는 기업문화를 이해하는 데 가장 실질적인 도움을 주는 개념이다.

기업문화는 모두가 영어의 S로 시작하기 때문에 '7S 개념'으로 불린다. 구성원Staff, 구조Structure, 전략Strategy, 기술Skill과 관리, 시스템System, 스타일Style, 공유가치Shared Value 등이 이에 속한다.

이 7가지를 접목시켜보면 삼성은 무척 뛰어난 기업문화를 형성하고 있음을 알 수 있다.

(1) Staff: 구성원

삼성은 인간존중의 정신적 기반 위에서 모든 구성원Staff들이 삶의 질QWL: Quality of Working Life을 향상시키고, 인간욕구의 5단계를 충족할 수 있도록 노력한다. 그에 따라 구성원들과 이해관계자들은 삼성이 세계시장에서 경쟁력을 제고할 수 있도록 기업문화를 조성하고, 지속적인 성장이 가능하도록 평생 직장을 위해 헌신하고 있다.

(2) Structure: 조직구조

삼성은 신경영을 통해 조직의 구조Structure를 혁신하였다. 신경영에서 변화의 기본은 삼성의 조직을 구성하는 사람의 변화로, 삼성인 각자가 삼성헌법을 준수하고 자기개혁을 실천하는 것이다. 이는 이건희 회장의 공동번영과 조화의 공생주의 경영사상에서 비롯되었다고 볼 수 있다.

특히 국내외 경제환경 변화에 대응하는 조직구조의 변화는 전략적인 차원에서 삼성이 질 위주의 경영문화를 구축하게 하였고, 무노조의 조직구조는 노경화합주의 조직문화를 형성하고 있다.

(3) Strategy: 전략경영

삼성은 글로벌시대에 대응하는 전략Strategy을 실시하고 있다. 세계화 전략을 위시하여, 품질제일주의 전략, 정보화 전략, 고객만족경영 전략, 자율경영 전략, 국제화 전략과 국제적 경제환경 변화에 대응하는 포트폴리오 전략까지 업종에 따라 다양한 경영관리 전략을 문화적 차원으로 수립하여 성공시키고 있다.

(4) Skill: 기술과 관리

세계 제일의 기술과 관리를 하고 있는 삼성은 전자, 반도체, 휴대폰 등 시너지 효과를 창출하기 위해 기술의 복합화를 이루고 있다.

삼성의 기술 개발 · 관리는 세계적 수준이며, 연구 및 개발을 위한 인재를 확충하고자 해외연구개발센터를 증설하는 등 아낌없는 투자를 하고 있다. 이와 함께 기술이전과 기술개발의 효율을 증대시키는 디자인, 특허, 제3의 우주생명과학 등 원천기술개발사업을 문화사업으로 전환시켜나가고 있다.

또한 전자, 항공, 화학 등 첨단기술 분야에서 선진국의 우수기업들과 전략적 기술제휴를 함으로써 상호 기술협력과 기술교류를 증진시키는 기술혁신주의문화를 조성하고 있다.

(5) System: 경영 시스템

삼성의 경영 시스템System은 21세기 초일류기업으로 성장하기 위해 언제, 어디서나 글로벌경영을 수행하는 정보인프라 비전을 실천하고 있다. 첨단 글로벌 통신망과 그룹 종합정보시스템을 구축하여 필요한 정보를 활용하고, 경영의 시너지 효과를 이끌어내어 기업문화 성과를 극대화하고 있는 것이다.

경영 시스템은 인적자원관리 시스템에서부터, 생산관리 시스템, 마케팅 시스템, 재무관리 시스템, 정보화 시스템 등 전략적 통합시스템망을 구축하여 세계시장정보를 활용하고 있다. 이러한 경영 시스템은 기업문화적 가치로 접목되어 경영성과를 이룩한다.

(6) Style: 경영 스타일

이건희 회장은 변혁적 리더십의 스타일Style을 가지고 있으며, 슈퍼 리더의 기본인 서번트 리더십Servant Leadership: 섬기는 리더십을 수행하고 있다. 이러한 이건희 회장의 리더십은 삼성문화 구축의 근간이 되었다고 할 수 있다.

이건희 회장의 경영 스타일은 지知, 행行, 용用, 훈訓, 평評의 5가지 덕목으로 이루어져 있다. 즉 앞을 내다볼 줄 알고, 솔선수범의 실천을 행하며, 뛰어난 용인술로 구성원을 끌어안고, 조직을 장악하는 지도력과 결과에 대한 평가력도 동시에 갖추고 있는 것이다.

(7) Shared: 공유가치

삼성문화의 기본핵심은 인류사회에 봉사하기 위한 공유Shared가치이며, 글로벌 초일류기업 지향의 문화적 풍토로서 질위주의 경영문화를 실천하는 것이다.

삼성의 경영이념은 '인재와 기술을 바탕으로 최고의 제품과 서비스를 창출하여 인류사회에 공헌한다.'이며, 삼성인의 정신은

'고객과 함께, 세계에 도전하며, 미래를 창조한다.'이다. 삼성은 이러한 경영이념과 삼성인의 정신을 기본가치로 공유Shared Value하고 있다.

따라서 모든 삼성인은 인간미와 도덕성을 완벽하게 갖추고, 예의범절과 세계인으로서의 에티켓을 철저히 지켜가면서 세계를 바라보며, 크게 생각하는 가치관을 지니고 있다. 이러한 모든 가치의 공유는 삼성 기업문화 창달의 기본이자 자부심으로, 종업원 욕구 충족의 바탕이 되며, 경영성과에 기여하게 된다.

第7부
정도경영

기업가정신 스토리

한국경영사학회에서 발간하는 『경영사학』 2005년 11월호 제20권 제3호, 통권 38호에 게재한 필자의 연구논문 「삼성 이건희 회장의 기업가정신*The Study on the Chairman Kun-Hee Lee's Life and His Management Creed of Samsung*」의 영문판 내용을 요약하여 소개한다.

"The Entrepreneurship through Chairman Kun-Hee Lee's Managerial Principle was examined, The 10 elements of Kun-Hee Lee's new the Entrepreneurship that were examined are as follows:

(1) spirit of a leading corporation, (2) spirity of customer satisfaction, (3) spirit of ethical management, (4) spirit of genius esteem, (5) spirit of technological revolution, (6) spirit of designing impotance, (7) spirit of environmental emphasis, (8) spirit of welfare importance, (9) spirit of social contribution, (10) spirit of artistic merchants.

Samsung corporation's chairman Kun-Hee Lee carries the Entrepreneurship principles such as (1) be with customers, (2) challenge the world, (3) creats the future, etc. His Entrepreneurship is based on the righteous managerial spirit, known as "I need to be the first one to change", which aims to reflect the past and analyze today's critical situation. especially his righteous managerial spirit is leading the corporation as the world's corporation through humanity, morality, etiquette, etc.

Therefore, he is the pioneer of Schumpeter's capitalist market economy, and the creative entrepreneur who seeks for Innovation.

He is reviewed as one of the greatest 21st century manager who carries these 5 characteristics: (1) positive mind, (2) emphasis on self-changing, (3) faith and trust, (4) keeping endurance and rules, (5) having courage not to be afraid of failure."

기업가정신 창조의 배경

이건희 회장의 기업가정신은 선대 이병철 회장의 창업이념에서 비롯되었다. 우리가 잘 알고 있는 호암의 경영이념인 인재제일, 합리추구, 사업보국 등을 바탕으로 창조된 것이다. 그러나 오늘날 이것은 호암 선생의 삼성 창업이념으로 정립되어 '삼성의 기업사' 속에서 뿌리로 남겨졌다.

이건희 회장은 '인재와 기술을 바탕으로 최고의 제품과 서비스를 창출하여 인류사회에 공헌한다.'를 삼성의 새로운 경영이념으로 정했다.

인재와 기술을 바탕으로

인재 육성과 기술우위 확보를 경영원칙으로 중시하겠다는 뜻인 동시에 인재를 발굴 · 육성하고 기술을 조화시켜 경영 전반에 시너지 효과를 증대하겠다는 의도이다.

최고의 품질과 서비스를 창출하여

착한 고객에게 최고의 만족을 제공하는 글로벌 일류기업의 위치를 확보하겠다는 의도이다.

인류사회에 공헌한다.

존경받는 글로벌 기업을 지향하겠다는 의지를 표명한 것으로, 인류의 공동이익과 풍요로운 삶을 위해 기여하며 인류공동체의 일원으로서 사명을 다한다는 의미이다.

삼성의 경영이념과 더불어 가치관으로 형성했던 또 다른 축은 삼성맨의 일하는 자세와 방법에 대한 기준을 제시한 '삼성인의 정신'이다.

선친 이병철 회장 시대의 사원정신은 도덕정신, 창조정신, 제일주의정신, 완전주의정신, 공존공영정신이었다. 그러나 이 5가지 정신 가운데 '제일주의'와 '완전주의'는 여러 가지 문제를 발생시키기도 했다.

'제일주의'는 삼성맨들에게, 우리가 제일이라는 자만심을 표출시켜 불필요한 사회적 미움을 받게 했으며, 특히 국내시장 지향적인 제일주의는 경쟁업체들의 격심한 반발과 견제를 자초했다는 점도 간과하지 않으면 안 된다.

또한 '완전주의'는 기회선점 및 공격적 경영의 장애요소가 되었다는 점을 지적받고 있다.

이러한 선대 회장의 '삼성인의 정신'도 21세기 세계화를 이끌어가는 이건희 회장 시대에는 바뀌지 않으면 안 된다는 것은 당연한 이치였으며, 이에 따라 '고객과 함께한다', '세계에 도전한다', '미래를 창조한다'는 정신으로 변화하였다.

고객과 함께한다.

이는 인류 전체를 고객으로 인식하겠다는 선언이다. 기업 구성원, 소비자, 인류 전체를 고객의 개념으로 인식하고, 함께 성장하고, 발전해나간다는 공동체 이익 정신을 바탕으로 모든 사고와 행동의 기준을 고객 우선에 두는 정신을 의미한다.

세계에 도전한다.

이는 삼성을 초일류기업의 반열에 올려 세계를 리드하겠다는 의지를 나타낸다. 세계 초일류기업이 되기 위해서 항상 세계 속의 삼성을 생각하고, 세계 수준과 비교하여 앞서 가겠다는 의지이다.

미래를 창조한다.

이는 더 나은 제품과 서비스를 창조하는 탐구자세를 의미한다. 임직원 개개인이 '꿈과 보람'을 실현하고, 고객에게 행복을 제공하며, 풍요로운 인류사회를 이룩하기 위해 질 좋은 제품과 서비스를 창조해나가는 무한 탐구의 자세를 가져야 함을 의미한다.

경영활동을 통해 새롭게 창조되다

이제부터 이야기하고자 하는 삼성 이건희 회장의 '새롭게 창조된 기업가정신'은 (사)한국경영사학회가 발간한 『경영사학』 제20호 제3호, 통권 38호에 실린 내용이다. 필자가 연구하여 발표한 부문은 21세기 기업가를 꿈꾸는 젊은이들에게 귀감이 될 것으로 확신한다.

새로이 창조된 이건희 회장의 기업가정신은 과거의 경영사상을 새롭게 만들어 일류기업으로 성장시킨 요인이 되었지만, 앞으로 21세기 세계적 초일류, 존경받는 기업으로 지속적인 성장을 하기 위해 필요한 기업가정신임을 역설하는 경영사상이다.

기업가정신은 실천의 결과이다. 그러나 '결심과 실천'은 다르다. 이솝우화를 통해 그 차이를 알아보자.

햇살이 뜨거운 어느 여름날 오후, 개구리 세 마리가 나뭇잎에 올라탄 채 유유히 강물에 떠내려가고 있었다.

강의 중간쯤에 이르렀을 때, 한 마리가 벌떡 일어나 단호하게 말했다.

"너무 더워, 난 물속으로 뛰어들 테야!"

다른 개구리들은 그저 묵묵히 고개를 끄덕였다.

자, 그럼 이제 나뭇잎에는 몇 마리 개구리가 남았을까?

나뭇잎에는 여전히 개구리 세 마리가 남아 있었다.

어째서 그럴까? 뛰어들겠다는 '결심'과 정말 뛰어드는 '실천'은 전혀 다른 차원이기 때문이다. 개구리는 뛰어들겠다는 결심만 했을 뿐, 실천은 하지 못한 것이다.

우리 기업의 CEO들은 경영활동 속에서 수없이 많은 결심과 경영이념을 발표한다. 하지만 그것을 실천으로 옮겨서 경영성과를 실현하는 것은 매우 어렵다.

그러나 더 큰 경영성과를 올리는 바로 그 결심의 실천, 이것이 기업가정신Entrepreneurship이다.

8가지 기업가정신

'실천'을 통해 창조된 이건희 회장의 8가지 기업가정신을 소개한다.

초일류기업주의 정신

"자기가 만든 제품에 '삼성'이라는 로고가 붙는데 불량품이 있다는 말을 듣고도 화가 나지 않는가? 3만 명이 만들고, 6천 명이 수리하러 다니는 비효율적이고 낭비적인 집단은 이 세상에 없을 것이다. 양量은 제로라도 좋으니 질質은 100으로 하라. 초일류기업의 모토는 최고의 품질과 최저 적정가격이라는 것을 언제나 명심하라.”

21세기 세계 초일류기업은 이건희 회장의 숙명의 사명, 즉 ‘경영이념’이 되었다.

이건희 회장은 역설한다.

“우리에게는 발상의 벽, 마음의 벽, 제도와 관행의 벽, 조직의 벽, 실력과 기술의 벽 등 너무 많은 벽이 있다. 이를 하나하나 무너뜨리면서 뛰어넘으면, 세계 초일류기업이 될 수 있다.”

이건희 회장은 생애의 경영활동을 통해 특히 신경영을 경영정책과 전략으로 전개하면서, 일본의 SONY를 따라잡고 미국의 GE를 따라잡고 애플사와의 경쟁에서 이긴다는 세계 초일류기업의 경영목표와 비전을 수없이 밝혔다.

그 결과, 지금은 세계 1등 제품 7개, 국내 1위 제품 30여 개를 만들 수 있었다. 하지만 언제 1위의 자리를 내줄지 모르는 만큼 지속적으로 초일류기업주의 정신에 매진해야 한다는 것이다.

‘이건희 회장의 세계 초일류기업 성공요인’은 다음과 같다.

① 사고의 틀을 바꾸고, 인재를 조기에 발굴하여 체계적으로 육성 · 관리했다.

② 기존의 단기적인 수익중심 경영에서 장기적인 고객중심

경영으로 전환하는 방침을 폈다.

③ '나부터 바꾸자.'는 개인의 변화가 삼성헌법의 틀이 되었고, 회장, 사장, 전무 등 위로부터 리더의 역할을 재정립하는 변화가 실현되었다.

④ 경쟁력 향상을 위한 질 위주의 경영과 정보화를 실현하였다.

고객만족주의 정신

"고객중시가 무엇인가? 고객 때문에 우리가 먹고살고 있는데, 말로만 고객을 중시할 뿐 진정으로 신경을 쓰고 있는가? 중공업, 전자, SDS, 비서실 모두가 '고객이 누구인가?'를 다시 한 번 생각해보아야 한다. 레이더가 고객을 향하고 있어야 하는데, 나를 향하고 있다. 이것을 고객을 향해 돌려놓는 것, 이것이 바로 '고객의 중시'이다1993년 7월 19일, 일본 오사카회의에서."

이건희 회장은 고객만족의 핵심개념을 다음과 같이 꼽는다.

① 전 사원의 고객 마인드 제고

② 고객의 소리를 겸허히 듣고 수용

③ 조직과 업무를 고객 위주로 재구성

제품의 질, 서비스의 질, 사람의 질, 경영의 질을 올려 고객을 만족시키고, 종업원을 만족시켜 저절로 이익을 얻는 질 경영의 개념도 결국, 고객만족주의 경영사상에서 비롯되었다.

그는 다시 묻는다. '우리의 현실은 어떤가?' 라고 말이다.

"백색 가전의 수요자는 여성이다. 따라서 결혼적령기 여성, 주부층을 연구해야 하며, 디자인과 상품 콘셉트 결정에 여성을 참여시켜야 한다. 시장수요, 소비자 취향, 대형제품 수요증가 등을 면밀히 구체적으로 분석하고 있는가? 과거 판매자 위주 시장에서의 나쁜 버릇, 고객보다 상사를 쳐다보는 내부지향의 조직풍토, 세계 일류는커녕 국내시장에서조차 열외되는 등등의 문제는 '고객 불감증의 자화상' 을 만들어내기도 한다."

이건희 회장은 '고객만족주의 기업가정신' 추진방향을 다음과 같이 설정해야 한다고 역설한다.

① 고객이 누구인지, 무엇을 원하는지 파악하라. 국내에서의 고객만족도 1위는 반드시 확보하고, 3년 내내 1위를 확보하지 못한 사업은 철수한다는 각오를 가져라.

② 고객의 불만을 신속히 처리하라.

③ 마음에서 우러나오는 친절로 서비스를 하라.

④ 고객을 우대하고, 권한을 위양하라.

⑤ 고객중심으로 업무시스템을 재구성하라.

이상과 같은 이건희 고객만족주의 기업가정신은 마케팅 경영사상이 되었으며, '삼성그룹 세계화 추진방향의 핵심과제'가 되었다.

윤리경영주의 정신

"그룹 경영진은 '수단과 방법을 가리지 않고 이기면 된다.'는 나쁜 습관을 가지고 있다. 이것을 버려야 한다. 좋게, 싸게, 바르게 만들어서 이익을 내고, 배당하고, 남은 자금은 사회에 환원하거나 문화사업을 하는 것이 기업 본연의 자세이다. 어떠한 경우에도 정도正道로 가야 한다. 법치국가에서 불법은 절대로 안 된다."

1994년 1월 3일 신년하례식에서 제시한 이건희 회장의 정도경영 사상은 21세기 윤리경영주의 기업가정신이 되었다.

정당한 방법으로 기업의 책임을 완수하고, 사회적 물의를 일으키는 비윤리적 사건·사고를 근절하고, 삼성윤리강령을 숙지시키는 기본중시의 경영정신을 으뜸으로 꼽으며, 윤리경영을 21세기 경영으로 인식하는 그의 기업가정신은 삼성을 세계적 기업으로 만드는 지표가 되었다.

그는 기업의 사회적 책임CSR을 소비자에 대한 책임, 협력업체에 대한 책임, 임직원 가족에 대한 책임, 국가사회에 대한 책임, 인류사회에 대한 책임이라고 역설하고 있다.

이건희 회장의 생애와 경영이념을 살펴보면, 그의 정도경영 사상에 대해 다음과 같은 중요한 시사점을 알 수 있다.

① 정도경영이 조직의 상층에서 말단까지 가치로 실천될 수 있도록 해야 한다.
② 어떠한 경우든 법규를 준수한다.
③ 관행을 타파하고, 도덕적 사고 재연을 방지한다.
④ 윤리강령을 철저히 숙지하고, 납품비리, 금품수수, 부패 등 비윤리적 행동을 해서는 안된다.
⑤ 세계 어디서든 그 지역의 민족, 문화, 자연에 역행하지 않고, 인류와 국가에 해가 되지 않도록 한다.

이 회장은 책임감, 도덕성, 희생정신, 애사심 등 인간교육을 통해 후배를 바르게 지도해줄 것을 시사하기도 하였다. 능력과 실적도 중요하지만 그 이전에 바른 사람이 되도록 지도하여 개인의 도덕성과 윤리적 기업문화를 정립하는 데 노력해야 한다는 것이다.

천재중시주의 정신

"200~300년 전에는 10만~20만 명이 한 명의 군주와 왕족을 먹여 살렸지만, 21세기는 탁월한 천재 한 명이 10만~20만 명을 먹여 살리는 인재경쟁의 시대, 지적창조력의 시대이다."

지금부터 10년 전 2002년 6월 5일 삼성 용인연수원 창조관에서 사장단 50여 명이 참석한 가운데 열린 '인재전략 사장단 워크숍' 에 참석한 이건희 회장이 한 말이다. 삼성이 5~10년 안에 초일류기업으로 도약하기 위해서는 인재를 조기에 발굴하고, 체계적으로 키워야 한다는 것이다.

"사람에 대한 욕심은 내가 세계에서 제일 많을 것이다."

스스로 밝혔듯 그는 남보다 나은 사람, 우수한 사람을 영입하고자 노력하고 있으며, 일단 영입하면 절대 내보내지 않는다. 돈이 더 드는 것은 신경 쓰지도 않는다. 우수한 사람을 데려다 쓴 만큼 보다 높은 효율을 내면 되기 때문이다.

그는 천재 S급 인력확보를 위해 기존 사고의 틀을 벗어나 생존 차원에서 공격적으로 추진하고, 내부 우수인력은 경영자에서부터 간부, 사원, 기능직까지 전 분야에 걸쳐 체계적으로 양성하며, 세계를 대상으로 분야별 우수 전문인력을 대담하게 확보하라고 주문한다.

"분야별 우수인력을 확보하는 것이 경영성과를 올리는 방안임을 명심해야 한다. S급 인력확보를 전략사업, 기술사업 각 분야, 즉 전기, 전자, 반도체, 로봇, 디자인, 자동차, S/W 등으로 확대하고, 끼 있는 사람, 천재, 이재異才 등 개성이 강하고 창의적인 인재를 확보해야 한다. 머리는 좋지만 생활수준이 낮은 국가의 수재들, 중국, 러시아, 인도, 베트남, 스페인 등의 우수인력을 확보해야 한다."

이러한 천재중시주의 경영사상은 그의 '능력위주 인사정책'의 바탕 위에서 이루어지고 있다.

① 능력에 따라 과감한 발탁인사를 한다.

② 파벌을 철폐하고 배제한다.

③ 능력별 처우, 능력을 발휘할 수 있는 여건을 조성한다.

④ 회초리보다 당근을 사용한다. 단기 실적이 나쁘다고 사람을 자주 바꾸면 위축이 되고 크질 못한다. 못한다고 스트레스를 주는 것보다 잘하도록 스트레스를 주는 것이 더 건설적이다.

⑤ 장기간에 걸쳐 종합적으로 평가한다.

⑥ 체계적으로 인재를 육성한다.

기술혁신주의 정신

삼성전자는 2011년 11월 스마트폰을 판매할 때마다 미국 마이크로소프트MS에 특허 사용 로열티를 지급하기로 합의했다고 한다.

판매 예상물량을 감안하면 연간 2억 4천만~3억 달러2,800억~3,500억 원의 특허료를 MS에 지불해야 할 것으로 보이며, 이는 이익률 추세를 감안할 때 연간 수조원의 추가매출을 올려야 만회할 수 있는 액수라고 한다.

MS는 2011년 7월 삼성전자가 사용하는 스마트폰 운영체제OS '안드로이드'가 자사의 특허를 침해했다고 로열티를 요구, 협상을 벌여왔다.

안드로이드는 스마트폰, 태블릿PC 같은 모바일 기기를 작동하는 데 필요한 핵심 소프트웨어로, 미국 구글Google이 개발하여 전 세계 휴대폰업체에 무료로 제공해왔다. 하지만 MS는 안드로이드가 자사의 컴퓨터용 OS '윈도Window'의 특허기술을 침해했다고 주장하고 있다.

미국, 일본 등 특허전략 강국 전문가들은 언젠가는 구글이 안드로이드 OS의 유료화를 단행할 것이라고 예견해왔다.

이건희 회장의 특별한 관심과 예견 그리고 경고, 2011년도 애플과의 특허 전면전은 예방전쟁Preventive War의 성격이 짙다. 아마도 최악의 상황을 염두에 둔 것이 아닐까 싶다.

그러나 삼성 vs 애플의 특허대전은 어느 쪽도 완승이 불가능할 것으로 보인다. 아마도 함께 사는 길을 찾을 것으로 여겨지고, 이 회장의 기술혁신주의 기업가정신 또한 지속적으로 실천될 것이기 때문이다.

이건희 회장은 사장단 회의에서 21세기 기술의 중요성을 역설하였다.

"나는 기술부족으로 경영에 문제가 생기는 것을 제일 싫어한다. 기술을 사든지 기술자를 데려오든지 해야 한다. 50만 달러를 준다는데 오지 않을 기술자가 어디 있겠는가? 기술이 없어서 20억 원, 30억 원의 적자를 내는 것은 기회손실이다. 천만 달러를 쓰더라도 기술을 갖고 있는 게 낫다. 왜 기술이 없어서 그 많은 돈을 내버리는가?"

미국 예일대 교수 폴 케네디Paul M. Kennedy는 자신의 저서 『21세기 준비Preparing for the Twenty First Century』에서 21세기 3대 혁명은 첫째, 통신·금융 혁명, 둘째, 농업·생명공학 혁명, 셋째, 로봇과 자동화를 통한 신산업혁명이라고 역설하면서, 기술혁신이 우선 과제임을 제시하고, 이들 산업을 성공시키는 CEO만이 기업을 이끌 수 있다고 주장하였다.

특히 국제경제학회 초대 회장이었던 슘페터Joseph Alois Schumpeter는 '앞으로 경제사회 발전의 요소는 기업가의 혁신Innovation'이라고 주장한 바 있다.

혁신이라 함은 '생산에 있어 새로운 성장과 발전요인을 투입Input하여 이익증대와 기업성장에 기여하는 것'을 말하는데 이는 다음의 5가지를 가리킨다참고: J. A. Schumpeter, Harvard Business Review, Innovation, Harvard Business School Press, U. S. A. 2001.

① 신기술의 적용 및 발명
② 신제품의 개발
③ 신시장의 개척
④ 신자원의 확보
⑤ 신조직의 형성

이건희 회장은 21세기는 이러한 혁신 없이는 초일류기업으로 갈 수 없으며, 기술중시 풍토가 시급함을 계속 역설하고 있다.

그리고 사장단에게 특별주문을 했다.

“기술은 21세기 기업경쟁력의 원천이자 생존조건이다. 경영의 모든 부문에서 기술을 중시하는 풍토가 조성되어야 하며, 자체적으로 개발할 것은 해야 한다. 그러기 위해서는 슈퍼급 기술자 확보가 뒤따라야 한다. 소프트웨어 기술과 S급 인재, 특허 등은 우리의 핵심과제이며 10년 후를 위해 당장 확보하지 않으면 안 된다. 또한 지금은 특허 경쟁의 시대인 만큼 기존사업뿐만 아니라 미래사업에 필요한 기술이나 특허는 혁신적 투자 차원에서라도 미리 확보해두어야 세계적 특허 전쟁에 대응할 수 있다.”

이 같은 이건희 회장의 기술혁신 중시주의를 요약하면 다음과 같다.

① “특허”를 중시하라.

② 기술중시주의 풍토를 조성하라. 반드시 특허를 목적으로 해야 한다.

③ 신기술을 신속하게 도입하라.

④ 월반越班 개념으로 기술을 자체 개발한다. 그리고 반드시 특허를 획득하라.

⑤ 최고의 기술 인력을 확보하라. 월급은 요구하는 대로 주어라.

⑥ 특허관리체제를 정비하라.

이건희 회장은 이또한 기술도입의 3가지 기본원칙을 강조했다.

① 돈으로 살 수 있는 기술은 최대한 확보한다.

② 팔지 않는 기술은 기술자를 영입해서 확보한다.

③ 기술료를 제대로 지불하고 더 많은 기술을 확보한다.

디자인경영의 정신

"21세기는 문화의 시대이자 지적재산이 기업의 가치를 결정짓는 시대이다. 이제 단순히 제품을 파는 시대를 지나 '기업의 철학과 문화'를 파는 시대가 왔다. 디자인과 같은 소프트한 창의력이 기업의 소중한 자산이자 21세기 기업의 최후 승부처가 될 것이다."

삼성은 이미 1996년을 그룹제품에 대한 '디자인 혁명의 해'로 결정하고, 우리의 철학과 혼이 깃든 고유의 디자인 개발에 그룹의 역량을 총집결해 나가야 한다는 디자인 중심 경영의 중요성을 강조했다.

삼성은 디자인 중심 경영주의 정신을 3가지 개념으로 규정하고 있다.

① 최단시간 내에 세계 일류 수준의 디자인에 도달하기 위해 혁명의 각오로 총력을 다한다.

② 유능한 리더급 디자이너를 확보하고 양성하여 활용한다.

③ 고객의 마음을 사로잡는 삼성 특유의 디자인 개발을 위해 노력한다.

이와 함께 21세기 디자인 강화의 추진방향을 다음과 같이 설정하였다.

① 경영진Top Management Zone의 디자인 마인드를 강화한다. 특히 최고경영진의 디자인 마인드가 중요하다.

② 삼성 특유의 디자인을 개발한다. 삼성의 철학과 사상이 반영된 디자인 개념을 정립하고 삼성의 이미지를 잘 표현할 수 있는 디자인 원칙을 설정한다. 다음의 사례를 참고하여, 멀리서 보아도 삼성 제품임을 알아볼 수 있는 고유디자인을 개발하고, 전 제품의 디자인을 통하여 삼성의 아이덴티티Identity를 뚜렷하게 정립하라.

③ 디자인 전문인력을 양성하고 확보한다.

④ 창조적 분위기를 조성한다.

⑤ 세계적인 디자인 회사의 용역을 효과적으로 활용하며, 고객을 생각하고 디자인한다.

[사례] SONY · 마츠시타 · 브라운 디자인

회 사	특 징
SONY	콤팩트, 통합, 검은색과 은색
마츠시타松下	친절미, 깨끗함, 그윽함과 여유
브라운BRAUN	간결함, 아름다움, 편리함, 혁신성

구매의 예술화 정신

1988년 8월, 이건희 회장은 비서실 임원회의에서 한국 최초로 '구매의 예술화'를 주장하였다.

"구매의 예술화란 내가 직접 만들어낸 것이다. 잘못 이해하면 안 된다. 이것은 아주 중요하고, 정확히 알아야 하고, 반드시 알고 실천해야 하며, 개념을 철저히 알아야 한다. 우리나라는 원자재가 생산되지 않는 자원빈곤국가이다. 석유, 철강소재, 구리, 아연, 금, 은, 동 등 중요한 원자재를 해외에서 전량 수입한다. 우리에겐 인력만 있을 뿐이다. 따라서 원자재 구매의 예술화란 이 나라 경제정책의 으뜸가는 기업가정신이라 할 수 있다."

당시에는 어느 누구도 중요성을 인식하지 못하였으나 21세기 자본주의 시장경제하에서 구매의 중요성을 크게 인식하게 되었으며, 구매의 예술화가 그의 기업가정신으로 정립하게 되었다.

또한 1988년 12월 20일 열린 임원 세미나에서 그는 이렇게 강조했다.

"구매는 자본주의 극치이다. 협력회사는 그 회사 사장의 생명이고, 그 사람 자체이며, 인생이 걸려 있다. 동양적 사고에서 제일 중요한 자식까지 투입하는 업체라면 품질은 얼마나 좋겠는가? A/S, 제품검사, 부품검사 등의 비용을 모두 협력회사에 투입하면, 양쪽 모두 순환이 잘 된다. 이렇게 협력회사를 키우면 이것이 자본주의 극치이다."

구매활동의 예술이라는 단어를 결부해서 표현한 복합적이고, 심층적인 개념에 대해 매우 놀라지 않을 수 없다. 그가 주장하는 구매의 예술화를 좀 더 상세하게 살펴보자.

① 구매의 중요성 인식

부품의 품질이 확보되지 않으면 100년이 가도 일류가 될 수 없다. 통상적으로 조립업은 원가의 80~85%가 구매원가이다. 따라서 협력업체의 경영의 질을 높이는 방법을 터득하되, 먼저 지도와 육성을 통해 경쟁력이 제고되어야 한다. 자본주의 효율은 내가 직접 하는 것보다 남을 시켜서 하되, 자기 것처럼 착각을 일으켜 열심히 하도록 하는 것이다.

② 협력업체 존중 및 정당한 대우

협력회사를 우리 직원보다 더 건전하게 키운다는 자세를 견지해야 한다. 인간존중 경영은 그룹 내에서만 적용되는 것이 아니고, 협력업체까지도 우리 식구 대하듯 해야 한다는 것이다. 부정과 부패가 없는 청렴한 조직의 추구는, 삼성의 훌륭한 전통으로, 협력업체나 대리점에 부담을 주는 부정이나 부패는 예외 없이 단호히 척결해야 한다.

③ 구매 우수인력 정예화 및 분위기 쇄신

관리경영기술에 우수인력을 확보하듯이, 구매에도 우수인력을 전진 배치하여 구매가 중시되는 체제를 구축해야 한다. 상대적으로, 덜 우수한 사람이 배치되는 악순환이 계속 되어서는 안 된다.

구매인력의 인사제도를 쇄신하여 우수한 구매인력들이 동기부여로 자부심을 고취할 수 있도록 하고, 이것이 우수한 원자재들을 구매하는 바탕이 되어야 한다. 어디에, 어느 나라에, 어떤 원자재, 어떤 부품이 필요하다는 것을 알고, 개척과 개발을 시킬 수 있는 구매인력의 능력 향상이 선결되어야 한다.

④ 그룹 차원의 전략 구매

삼성은 '구매의 예술화'를 위해서 국내외 첨단부품 정보를 수집하고, 제품개발에 반영하는 통합 구매조직을 구축하며, '10 & 10 전략'을 시행하고 있다. 즉, 자격 미달인 10% 업체를 정리하고, 10%의 우수업체를 신규 발굴하는 전자 소그룹 구매전략을 시행하도록 권장하는 것이다.

설계단계부터 관련부서와 함께하는 공동참여 제품개발 프로세스와 구매자재에 대한 원자재 프로세스 향상으로, 비용절감, 정보의 공유화, 성과개선 등을 할 수 있도록 '통합구매Buying Power System'를 구사하고, 이로 인해 가격, 적기납기, 공급안전성, 업체기술 활용 등의 효과를 극대화하도록 한다.

사회적 책임 정신

지속가능경영의 정신으로, 기업의 사회적 책임 정신을 들 수 있다. 소위 말하는 CSRCorporate Social Responsibility 정신으로 ① 사원복지주의 정신, ② 사회공헌주의 정신, ③ 환경중시주의 정신 등을 제시할 수 있다.

사원복지주의 정신

1994년 8월 28일, 이건희 회장은 승지원에서 사원복지주의 정신에 대해 소신을 밝혔다.

"종업원들을 인간적으로 대우하고, 내 회사라는 생각이 들게 해주면 신바람이 나고 자율이 생긴다. 우리 종업원이 나서서 이익이 더 나면 종업원에게 혜택이 돌아가는 조직이 되어야 하며, 도덕성, 동지애, 교양 등 인간미가 생겨나면 그 조직은 더 강하게 될 것이다."

이건희 회장은 임직원의 삶의 질QWL: Quality of Working Life 향상을 사원복지주의 정신에 두고, 핵심 개념을 거론하였다.

첫째, 신바람 나는 직장

둘째, 평생직장의 철학 구현

셋째, 임직원의 3대 고민 해결 : 건강, 자녀교육, 노후문제

"삼성그룹 복지제도가 전체적으로 목표나 목적이 없고, 효과도 없으며, 생색이 나지 않는 것이 많다. 예를 들면, 생활문화센터 같은 것인데, 정말 배우고 싶은 사람에게 가르쳐야 하며, 실비로 하여 부담을 없애고 스스로 참여하는 마음을 갖게끔 해야 한다. 그리고 이런 돈은 잘하고, 잘하려는 사람에게 돌아가야 한다. 잘해주는 것도 효과가 없으면 낭비이고, 고마워하지 않는 것도 낭비이다. 큰 것을 쓸 때 대담하게 쓰더라도 작은 것은 아낄 줄 알아야 한다."

삼성 이건희 회장의 '사원복지주의 정신'은 각별하다. 특히 그는 복지후생제도 10개를 지정하고, 사원의 복지문제를 해결하는 데 관심을 기울이고 있다. 생활문화센터, 레포츠센터, 창업지원센터, 통합 IC카드, 사내 탁아소, 주택자금 지원, 학자금 지원, 개인연금제도, 의료비 지원, 사원공제회관 등이 그것인데, 이는 전 사원에게 일률적으로 적용되는 복리후생제도가 아니다. 임직원 개개인의 니즈Needs에 따라 복리후생 항목을 선택하도록 하는 사회복지이론을 실천에 옮긴 '카페테리아식 복리후생제도'를 말하는 것이다.

사원의 3대 고민 해결

① 건강

평소에 사원의 건강을 위한 검진문제를 해결하도록 한다. 의학상식 제공 및 유사시 의료지원으로 건강에 대한 고민을 조직적으로 해결해준다.

② 자녀교육

자녀교육문제 해결을 위한 지원방안을 연구하여 실행한다. 특히 해외 주재원 자녀, 지방사업장 근무자의 자녀교육 및 도시근무 임직원의 과도한 사교육비를 중점 연구하고, 지원방안을 연구하여 실행한다.

③ 노후문제

노후생활에 대한 걱정이 없도록 연금제도, 협력업체 설립 등 고령화시대 사원들의 노후문제를 생각하고 해결한다.

주택문제 해결

사원복지제도 가운데 가장 어려운 것이 주택문제를 해결하는 것이다. 주택마련 자금을 모을 때까지 회사 소유의 집을 빌려준다는 개념에 입각, 향후 직원용 사택을 건립하여 운영하는 방안을 검토 중이다.

삼성은 매년 임직원 가운데 무주택자의 실태와 자기 집을 마련하기까지 걸리는 기간 등을 조사하고, 그 결과에 따라 주택문제를 효과적으로 해결할 수 있는 방안을 강구하도록 배려하고 있다.

훌륭한 일터 만들기GWP: Great Work-Place

사원복지주의 정신은 인간존중의 바탕 위에서 사원 개개인의 인간적 존엄성과 가치를 인정하고, 정신적 · 물질적 삶의 질 향상을 위해 안전하고 쾌적하며 훌륭한 일터를 만들어 근무하도록 하는 것이다.

사회공헌주의 정신

이건희 회장의 사회공헌주의 정신은 투철하다. 다음은 2000년 신년사에서 발췌한 것으로, 영리추구를 위한 기업 본연의 활동 이외에 자금, 인재, 노하우 등 기업 보유자원을 활용하여 사회를 더욱 풍요롭고, 활기차게 만드는 활동을 하도록 '사회공헌팀'에게 지시하는 말이다.

"고기가 물을 떠나서 살 수 없듯이 기업도 사회를 떠나서 존재할 수 없다. 사회에 대한 보다 실질적 공헌과 봉사활동을 통하여 사회적 신뢰와 공감을 획득해나감으로써 좋은 기업, 사랑받는 기업이라는 이미지가 곳곳에 뿌리 내릴 수 있도록 해야 한다."

21세기 초반을 지난 지금 우리의 현실은 기업의 사회적 책임을 요구하고 있다. 국민과 국가는 기업을 단순한 장사꾼이나 일

개 회사로만 보지 않는다. 기업의 사명과 역할, 경영자로서의 책임을 재인식하고 있는 것이다.

사회 안정은 기업발전의 기반이다. 기업발전을 통한 사회공헌은 사회를 발전시키고, 기업 이미지를 좋게 하며, 자동적으로 이익이 나는 '윤리경영의 순환'을 이룬다.

이건희 회장의 사회공헌 추진은 다음과 같다.

상생철학Win-Win 구현

인류에게 해가 되거나 남에게 폐를 끼쳐서는 안 되고, 도움이 되어야 한다. 삼성만, 나 하나만, 잘 살겠다는 생각은 버리고서 우리가 필요한 것이 아닌, 국가가 필요로 하고, 국민이 공감하는 사회공헌 활동을 해야 한다.

사회발전 선도, 삶의 질QWL 향상

사회공헌은 단순한 시혜나 기부가 아닌, 인간과 문화에 대한 선행투자이다. 기업활동의 결과로 얻어지는 성과 및 가치를 사회에 환원함으로써 모두의 삶의 질 향상에 이바지하도록 한다.

특히 차세대 인재 육성, 효의 가족문화 재정립, 소외계층 자립지원, 문화예술의 생활화 등 사회에 기여하는 독특한 프로그램을 개발하여 추진해야 한다.

지역사회와 교류, 자원봉사활동 전개

사업장을 중심으로 현지 지역사회, 각 사회단체 등과 교류를 확대하고 도와줄 수 있는 방안을 강구하여 삼성이 있다는 사실에 그 지역 전체가 자부심을 느낄 정도가 되도록 한다.

삼성은 사회봉사단의 활동 프로그램을 더욱 다양화해서 임직원들의 자발적 참여 동기부여를 유도하고 있다.

이건희 회장은 '사회공헌은 돈을 쓸 때 썼다고 하는 효과와 보람이 있어야 한다. 잘못하면 돈 쓰고도 비난받는 우를 범하게 될 것이다.'라고 지적하였으며, 이 또한 전략적이고 내실 있게 추진되어야 한다는 철학을 가지고 있다.

환경중시주의 정신

"21세기 기업은 모두에게 이익이 되는 기업, 공해 없는 기업, 환경을 중요시 하는 기업이 되어야 살아남을 수 있다. 이것이 삼성의 철학이다."

이건희 회장은 '21세기 기업의 생존 조건은 환경이라며, 이익만을 추구해 환경을 파괴하고 인명피해를 유발하는 기업은 존립할 가치조차 없다.'고 주장했다.

“각 관계사는 환경문제만큼은 아무리 작은 일이라도 적극적인 관심을 가져야 하며, 환경문제는 그룹 차원에서 적극 추진해야 한다. 이를 위해 환경전문가와 기술자들을 채용하여 각 사의 환경과 안전문제를 전면적으로 점검하여 지도하도록 한다. 또한 환경전문가를 초빙해서 교육도 하고, 외국과 비교도 해보면서 환경문제를 중시해야 한다.”

이건희 회장은 이처럼 환경문제를 중시하면서 삼성그룹의 ‘녹색경영목표’를 설정하고, 경영의 녹색화, 제품의 녹색화, 공정의 녹색화, 사업자의 녹색화, 지역사회의 녹색화 등을 목표로 하여 환경 관련 국제협약을 지키도록 하였다.

그리고 환경경영 추진방향을 다음과 같이 설정했다.

첫째, 환경보호와 공해방지에 앞장선다.

둘째, 자연환경 파괴와 인명피해 사고를 근절한다.

셋째, 환경친화적이며 안전한 제품과 서비스를 공급한다.

넷째, 안전하고 쾌적한 근무환경을 조성한다.

특히 3무無 –무공해, 무재해, 무질병– 사업장을 실현하며, 소음, 진동, 채광, 조명 등의 작업환경을 개선하여 안전하고 쾌적한 가운데 저절로 생산성 향상이 이루어지도록 하고 있다.

제8부
군림君臨에서 섬김으로

리더십 스토리

과거의 CEO들은 보편적으로 카리스마적 리더십을 지니고 있었다. 카리스마적 리더십은 미국 경영학에서 많이 강조되어 왔다. 하지만 오늘날에는 종래와는 다르게 이를 다른 형태로 재개발한 변혁적 리더십이 각광을 받고 있다.

변혁적 리더십은 아랫사람들의 관심을 평가하고, 조직과 개인의 사리사욕을 넘어서 그들의 동기를 부여시키는 개념을 포함한다. 또한 직원들을 지적知的으로 자극하고, 서로의 차이에 관심을 기울이도록 한다.

이러한 변혁적 리더십을 가지고 있는 이건희 회장은 삼성의 수장首長으로서 상징적 리더의 행동을 중시하고, 비전을 제시하며, 영감을 주는 메시지와 무언의 행동으로 교감을 하는 커뮤니케이션, 즉 소통과 희망을 갖도록 하고 있다.

결론적으로 이건희 회장은 직원들의 높은 가치체계, 즉 자유, 평등, 정의 등에 호소하여 그들의 의식을 고양시키며, 스스로 할 수 있는 힘과 권한을 부여함으로써 자발적 참여와 조직 몰입을 이끌어내고 있는 것이다.

따라서 그가 웃으면 구성원들은 어려움, 두려움, 미움 등과 같은 부정적 요소가 사라져 경제적·물질적 이익을 유발하는 생산성이 나타난다는 것이다. 이는 그의 마음속에 섬김의 리더십이 존재하여 나타나는 현상으로 변혁적 리더십 속에서도 지적 자극과 개별적 배려가 움직이기 때문이다.

복종과 이상理想의 실현

행정학자 아브라함 해롤드 매슬로우Abraham Harold Maslow는 인간의 욕구를 7단계로 구분하여 서열화하고 각 단계로의 이동을 결정하는 요소를 분석하여 욕구단계설Motivational Hierarchy

을 정립했다.

그는 개인의 능력을 발휘하려는 동기를 강조하는 자아발달自我發達, Self-Development 이론을 정립하고, 이 같은 욕구를 자아실현自我實現, Self-Actualization이라고 명명하였다.

매슬로우에 의하면, 인간은 자기실현의 근본적인 욕구가 있는 존재로 본래 선하다는 관점을 가지며, 인간의 욕구는 순차적으로 구성되는데, 자아실현을 이루기 위해서는 우선 기본적인 욕구가 충족되어야 한다.

매슬로우가 주장한 욕구는 다음과 같은 7단계로 구분된다. 이러한 욕구들은 전前 단계의 욕구가 만족되면 다음 단계의 욕구로 나아가게 된다고 한다.

(1) 생물학적 생존을 위한 욕구Physiological Needs

(2) 안전의 욕구Safety Needs

(3) 소속 · 사랑에 대한 욕구Belongingness & Love Needs

(4) 존경의 욕구Esteem Needs

(5) 인지의 욕구Recognition Needs

(6) 심미적 욕구Esthetical Needs

(7) 자아실현 욕구Self-Actualization Needs

참고로 "인적자원관리론"에서는 "매슬로우 5단계설"로 설명되기도 한다.

제1단계 : 생존의 욕구

제2단계 : 안전의 욕구

제3단계 : 소속 · 사랑의 욕구

제4단계 : 존경의 욕구

제5단계 : 자아 실현 욕구

이건희 회장의 변혁적 리더십은 리더와 직원 간에 높은 윤리의식, 동기부여, 목표의식 등을 불러일으키는 과정으로 매슬로우의 욕구 7단계설을 복합적으로 적용한 것이다. 특히 변혁적 리더십은 7단계에 해당하며, 아랫사람들이 높은 수준의 욕구를 추구하도록 자극하여 '일상적인 자아自我'에서 '보다 나은 자아'로 상승하게 하는 것이다.

이건희 회장의 변혁적 리더십 과정은 이러한 욕구의 상승을 수반하고, 직원들과 추종자들에게 자기지배와 자기강화를 하도록 한다. 이로써 그들은 더 큰 책임감을 가지게 되며, 스스로 리더로 전환하게 되는 것이다. 이처럼 직원들의 목표와 신념을 변화시킴으로써 그들은 복종을 신뢰하게 되고, 복종을 통해서 이상을 발견하게 된다.

이건희 회장이 바라는 것은 욕구 충족의 이상이며, 의식주 등 기본적 욕구를 넘어 안정과 소속의 욕구를 바라고, 더 큰 사회적 욕구 즉, 존경받기 원하는 욕구와 자아실현 욕구를 넘어 이상적인 최고의 욕구를 바라도록 한다.

직원으로 하여 복종을 신뢰하도록 하고, 그들의 이상을 실현시키도록 하는 것, 바로 삼성을 이끌어가는 새로운 리더십이다.

변혁적 리더십

변혁적 리더십의 중요한 요소인 '카리스마'는 직원으로부터의 기대, 신뢰, 존경을 수반한다. 이건희 회장은 카리스마 외에도 영감, 지적 자극, 개별적 배려 등의 요소를 가지고 있다.

카리스마나 개별적 배려는 리더에 대한 구성원들의 자아개념 및 인식의 전환에 더욱 큰 초점을 두고 직원들의 사고를 변화시켜, 궁극적으로는 그들의 행동을 조직성과에 연결시키는 것을 목적으로 하고 있다.

그러나 이건희 회장의 지적 자극은 카리스마나 개별적 배려와는 달리 직원들의 사고와 행동의 변화를 동시에 요구하며, 인식의 전환을 통한 직원들의 직접적인 행동변화에 더욱 비중을 두고 있다.

이 회장은 자신의 리더십을 활용하여 조직문제를 해결하는 과정에서 일반적으로 변혁적 역할과 거래적 역할을 함께 수행해야 최대의 효과를 가져온다는 사실을 알고 있다.

이때 변혁적 역할은 직원의 동기를 유발하기 위해 비전을 제시하고, 힘을 부여하여 활성화시키는 것 등을 포함하며, 거래적 역할은 조직을 잘 다스리며, 구성원들을 적절히 통제하고 보상하는 것 등을 포함한다.

슈퍼 리더십과 셀프 리더십

"자기 자신을 리드할 수 있는 역량과 기술을 갖도록 하는 것이 리더의 역할이다."

그가 사장단 회의에서 강조하는 것은 슈퍼 리더십 개념이다. 스스로를 리드해 나아갈 수 있는 것은 슈퍼 리더십이고, 이에 필요한 행동이나 사고에 관련된 일단의 전략을 셀프 리더십이라고 한다.

슈퍼 리더가 되기 위해서는 스스로 셀프 리더가 되어야 한다. 셀프 리더가 된다는 것은 스스로 나아갈 방향을 정하고, 자기 자신에게 동기를 부여하는 것을 뜻한다.

셀프 리더가 되려면 행동과 인지구조의 변화가 있어야 한다. 행동 차원의 변화에는, 변화를 위한 자기관찰에서 시작하여 목표를 세우고 실습을 하며 결과에 따라 스스로 보상이나 벌을 내리는 등의 행위가 포함된다.

이건희 회장은 직원 누구나 자기가 하는 일로부터 자연스럽게 보상받을 수 있는 길을 열어놓고 있다. 업무로부터 보람과 같은 내재적 보상을 받을 수 있도록 스스로 직무를 재구성하게 하는 것이다. 이 같은 인지구조의 변화는 사고방식의 변화를 포함한다.

이 회장은 자신의 믿음과 자아개념을 긍정적이고 건설적인 방향으로 바꾸어가고 있다. 스스로 변화하고, 그것을 극복하고 인내하면서 경영활동을 전개함으로써 셀프 리더가 되고자 하는 것이다.

슈퍼 리더는 구성원들에게 긍정적 사고방식을 전수해주어야 한다. 즉 일상의 대화나 교류과정에서 직원 자신들의 역량이 뛰어나다는 암시를 줄 필요가 있는 것이다. 직원들의 역량에 대한 믿음과 표현은 그들에게 커다란 자신감과 기대감을 불어넣는 효과를 가져온다.

이건희 회장은 슈퍼 리더로서 직원들에게 스스로 도덕적 목표를 설정하는 기법을 가르치는 경영을 하고 있다. 직접 설득할 수도 있고, 부서의 책임전략을 통하는 코칭기법을 활용하기도 한다. 도전적 목표설정을 위해서 학습이 될 수 있도록 리더를 통하여 경영행동을 보여주고 있으며, 성과실현에 영향을 주려 노력하고 있다.

이를 위해 그는 연초에 모든 경영 계획적 참여전략을 짜게

하여 긍정적인 사고방식을 가질 수 있도록 독려하고, 그것이 유효한 효과를 창출할 수 있도록 점검하게 한다.

슈퍼 리더는 또한 보상과 질책의 단계를 가진다. 외적인 보상보다는 직무 내적으로 보상받는 법을 모든 구성원들에게 가르쳐주는 것이다.

이를 위해서 이 회장은 직무의 특성, 인재들의 적성이나 욕구를 고려해 자리를 배치한다. 흥미 있고, 적성에 맞는 일을 하도록 하는 것이 가장 바람직하기 때문이다.

반대로 질책을 하는 데는 세심한 주의가 필요하다. 질책은 개인의 자존심과 자신감을 깎아내릴 수 있으므로 학습효과를 극대화해주는 범위 내에서 건설적으로 해야 한다.

과연 이 회장은 직원들이 동기를 유발하고 역량을 증대할 수 있도록 하는 혁신을 이룰 수 있을까? 아마 분명히 생각하고 있을 것이다. 왜냐하면 슈퍼 리더가 셀프 리더십을 실행시킨다는 것은 고성장 욕구를 가지고 있다는 것이기 때문이다.

서번트 리더십

서번트 리더십, 즉 섬기는 리더십은 1994년 4월에 출간된

『On Becoming a Servant Leadership』을 계기로 전 세계의 이목을 집중시키고 있다.

도대체 서번트 리더십이란 무엇인가? 로버트 그린리프Robert K. Greenleaf는 자신의 『서번트 리더십』에서 다음과 같이 정의하고 있다.

"서번트 리더십은 타인을 위하고 섬기는 봉사에 초점을 두고 있으며, 종업원 및 고객을 우선적으로 섬기고, 그들과의 소통을 우선적으로 여기며, 그들의 욕구를 만족시키기 위해 헌신하는 봉사의 리더십이다."

서번트 리더십은 남을 섬기고, 봉사를 하는 헌신적 리더십을 말하며, 타인을 위하고 헌신하며, 사회에 공헌하는 등 자기를 버리는 리더십으로 발전하고 있다.

이건희 회장은 슈퍼 리더로서 서번트 리더십도 가지고 있다. 경영수업 때 배운 경청과 목계의 철학에 모든 것이 담겨 있기 때문이다.

경청傾聽. 그는 남의 말을 들을 줄 안다. 정치, 경제, 사회, 경영의 모든 어려운 문제를 듣고 새기며, 특히 오디언스에 대한 존중과 수용적인 태도로 듣고 이해하는 능력이 뛰어나다. 리더는 적극적이고, 능동적인 경청을 통해서 오디언스가 바라는 욕구를 명확히 알 수 있다.

그는 또한 공감Empathy하며 치유Healing하는 차원 높은 이해심을 지니고 있다. 바로 서번트 리더십의 덕목이다. 그는 상대의 감정을 이해하고 이를 통해 상대가 필요로 하는 것이 무엇인가를 알아내어 리드하며, 보살펴주어야 할 문제가 무엇인지 살피고 있다.

"나는 삼성을 치유하는 개념으로 이끌어가면서 경영한다."

이건희 회장은 자신 있게 말한다.

리더의 4가지 덕목

21세기는 경영혁신시대로 사회 각계각층에서 리더십을 가진 우수한 리더를 요구하고 있다. 그러나 지금 이 사회에 '관리자Manager'는 많이 있지만 '지도자Leader'는 찾을 수가 없다.

미국 신시내티대학 총장을 역임한 워렌 베니스Warren Bennis 교수는 자신의 저서 『Leader's on Leadership』에서 21세기 뉴리더의 조건을 제시하여 많은 사람들에게 공감을 주었다.

"나는 지금의 현실이, 지금의 세상이, 지금의 이 나라가, 지배Rule하려는 자는 있어도, 지도Lead하려는 자는 없다고 생각한다. 회사도 마찬가지다. 관리자는 많으나 리더는 없다. 리더, 즉

지도자는 사람을 관리하고, 변화하는 인재를 관리하는 자를 말한다. 지도자는 자기 자신을 완전하게 표현할 수 있는 사람이며, 실패는 죄가 아님을 인정하는 자이다. 다만 낮은 목표가 죄일 뿐이다. 유일한 실패는 아무것도 하지 않는 것이라고 믿는 자이다."

21세기를 힘차게 나아가는 우리나라는 각 분야에서 유능한 지도자들이 등장하여 국민들에게 꿈과 희망을 주며 신바람을 일으키고, 급변하는 국내외 경제 환경에 현명하게 대처하기를 갈망하고 있다.

이건희 회장은 리더가 될 사람은 반드시 목표, 열정, 인격, 정직 등 4가지 덕목을 지니고 실천해야 한다고 강조한다. 리더의 덕목을 설명하면 다음과 같다.

첫째 : 목 표

지도자는 단기적 · 중기적 · 장기적 목표를 가지고 있어야 한다. 목표는 지도자의 생명이며, 성공의 길이다.

또한 지도자는 반드시 목표를 달성할 수 있도록 해야 한다. 그 목표가 어떤 것이든 실행이 가능하도록 설정하여 계획을 세워야 한다.

당신의 목표는 무엇인가?

둘째 : 열 정

일이나 직업, 각종 활동 등에 대한 아주 각별한 열정과 더불어 희망찬 삶에 대한 기본적인 열정이 있어야 한다. 지도자는 자신이 하는 일을 사랑하고, 또 그 일을 좋아해야 한다.

톨스토이는 '희망은 깨어 있는 사람의 꿈'이라고 말했다. 희망 없이 우리는 살아갈 수 없으며, 진보도 할 수 없다. 열정을 가진 지도자는 다른 사람에게 희망과 용기를 불어넣어 준다.

당신의 열정으로 꿈을 실현할 수 있는가?

셋째 : 인 격

인격을 갖추는 기본은 자기인식自己認識이다. 그렇다면 자기인식은 무엇인가? 고대 그리스의 델포이에 있는 신탁의 비문에 있는 '너 자신을 알라.'라는 말을 생각해보라. 스스로의 장단점과 능력을 알아야 목표를 세우고, 그것을 이루기 위해 노력할 수 있는 것이다.

이건희 회장도 자신의 장점과 약점을 알기 전에는 무엇을? 왜? 하고 싶은지 알 수 없었다고 한다.

당신은 인격을 갖추고 있는가?

넷째 : 정 직

정직은 자기인식의 열쇠이다. 원칙을 따르려는 꾸준한 노력과 선한 마음, 즉 실제로 나타난 현상과 진실이 하나가 되어야 한다는 것이다. 정직은 정도 경영의 첫걸음이다. 정도 경영은 바로 윤리경영이다.

당신은 정직한가?

뉴리더의 조건

삼성 이건희 회장이 바라는 뉴리더의 조건은 어찌 보면 평범하다.

"훌륭한 지도자가 갖춰야 할 리더십은 혁신적 배움, 변화의 배움이다. 그 다음은 상상력을 키우고, 창의력을 발휘해야 한다. 창의력은 특허 등 이 시대의 국제 특허 경제 전쟁에 대응하는 힘이다. 그것은 실패의 학습과 역경의 교훈에서 배울 수 있다."

그가 지적하는 혁신적 배움은 보편적 교육과 충격적 교육을 병행시키는 것이며, 그것은 윤리적 교육이 실행되는 데 있다고 하였다. 또한 충격적 교육을 위해서는 수월성 교육, 엘리트 교육, 기술제일주의, 세계무대에서 1등주의 정신교육이 필요하다고 역설하고 있다.

반도체, 철강, 자동차, 생명공학, 미래형반도체, 서비스 등 우리 국민을 먹여 살리기 위해서는 1등주의 교육이 필요하다. 1등주의는 상상력과 창의력으로 꿈을 실현시키는 것이다.

상상력이란 머릿속으로 그려서 생각하는 힘이다. 현재에는 없는 사물이나 현상을 과거의 경험 또는 미래의 보이지 않는 힘에 입각하여 재생시키거나 만들어내는 마음의 작용이다. 상상 속에서는 어떤 것도 불가능하지 않다.

이와 함께 필요한 것은 창의력이다. 창의력이란 새로운 생각, 새로운 착상, 새로운 구상, 불가능을 가능으로 만드는 힘이다. 문제점, 불평과 불만을 만족으로 바꾸는 힘, 지도자는 이러한 창의력을 발휘해야 한다.

지도자는 실수와 실패를 학습과정으로 보고, 그것을 통해 개선방안을 찾아낼 줄 알아야 한다. 그렇다고 실수를 거듭해서는 안 된다. 한 번 실수는 용납하지만, 두 번 실수는 허용할 수 없는 것이 지도자의 리더십임을 명심해야 한다.

제9부

전략적 통합으로 이룬 세계화

윤리경영 스토리

2011년 10월 6일, 성균관대에서 열린 '유교와 경영 포럼'에서 이경묵 서울대 교수와 김성수 경희대 교수는 이렇게 강조했다.

"무한경쟁과 탐욕의 시대를 끝내고 이제는 '군자 리더십'을 기업경영에 접목해야 한다."

이경묵 교수는 세계적 경영 잡지인 『하버드 비즈니스리뷰』에 한국인으로서는 처음으로 삼성의 성공요인을 분석한 논문을 게재했다. 그는 이 논문에서 삼성의 성공요인을 동양식 경영과 서구식 경영을 결합시킨 '하이브리드 시스템'으로 규정하였다.

삼성의 이건희 회장은 앞으로 인의예지신仁義禮智信으로 대표되는 오상五常의 군자적 가치를 경영에 도입해야 세계적 기업으로 성장할 수 있으며, 중국과 21세기부터 치열하게 경쟁해야 하는 입장에서, 동양의 덕치德治인 인仁을 중심으로 하는 윤리경영 전략을 수립해야 성공할 수 있다고 했다.

인의예지신仁義禮智信, 윤리경영: 군자의 리더십

윤리경영에서 지적한 군자의 리더십은 현대 서구의 성과주의 경영방식이 발생시키는 많은 문제점을 보완하는 CEO의 윤리경영 사상이다. 군자 리더십의 핵심목표는 리더에 대한 직원들의 신뢰를 확보함으로써 인재가 능력을 발휘할 수 있는 기업 분위기를 만들어주는 것이다.

군자적 리더십의 핵심 덕목인 인仁은 자기계발, 예의를 갖춘 대인관계, 책임자 역할 수행 등 3가지 측면에서 살펴볼 수 있다. 자기계발에서 인은 '지혜와 인격'이며, 대인관계에서 인은 '조화와 역지사지'易地思之이고, 책임자 역할에서 인은 '덕치이자 솔선수범'이다.

군자적 리더십을 갖춘 CEO는 노동으로부터의 인간소외, 일과 삶의 불균형, 기업의 사회적 회피 등을 해소시키고, 기업에 대한 사회적 이미지 향상과 기업가치 상승, 전 세계 우수인재의 확보와 유지에 긍정적인 영향을 줌으로써 결과적으로 기업성과에 기여한다.

삼성도 계약에 의한 거래관계 중심의 서구적 경영방식인 혁신을 중심으로 하는 개방과 소통, 그리고 인간관계 중심의 동양적 경영방식인 인과 신을 중심으로 하는 덕의 사회적 책임 등을 제도화하고 문화형태로 상호 보완해야 한다. 그래야 미국, 유럽 중심의 서구 경제와 중국, 인도 중심의 동양 경제를 모두 이길 수 있다.

일류에서 초일류로

이건희 회장은 세계 여러 나라를 돌아다녔다. 미국, 유럽, 인도, 러시아, 중국 등 '삼성 제품이 있는 곳에는 직접 가서 본다.'는 철학을 가진 때문이다.

최근 이 회장은 이른바 브릭스Brics라고 불리는 신흥공업국인 인도의 뉴델리, 러시아의 모스크바, 중국의 북경과 상해 등을 다녀왔으며, 호주의 시드니, 싱가포르, 일본의 도쿄와 오사카 등도 다녀왔다.

세계 여러 나라를 다닌 그는 'Made in Korea'의 비약적인 성장이 전개되고 있다는 사실을 느꼈다고 한다. 특히 삼성과 LG, 현대의 활약이 눈에 크게 띄며, 한국의 제품들이 세계화의 물결에서 격전을 벌이고 있다고 하였다.

현대 자동차를 타고 출근하고, LG 에어컨 아래서 일하며, 삼성 핸드폰으로 통화하는 것이 인도에서는 부富의 상징으로 여겨진다.

미국의 뉴욕 맨해튼과 러시아의 모스크바 크렘린 궁 앞에 'SAMSUNG'이라는 대형 네온사인이 반짝이는 것을 보면, 한국의 국가적 위상이 높아졌으며, 'Made in Korea' 제품이 세계시장에서 위력을 떨치고 있는 것을 알 수 있다.

삼성전자의 약진은 괄목할만하다. 일본의 자존심인 SONY를 제치고, 바야흐로 세계인의 주목을 받고 있다. 그러나 여전히 가야 할 길은 멀다.

삼성은 지금 전쟁 중이다. 세계시장 제패를 위해 전 세계 곳곳에서 전쟁을 치르고 있는 것이다.

오늘날 삼성전자는 전 세계 약 50여 개 국가에 해외 거점을 가지고 있다. 약 50여 곳의 판매법인을 운영하고 있으며, 30여 곳의 생산법인과 15곳의 연구소가 있다. 2012년부터 삼성은 일류에서 세계 초일류로 거듭나기 위해, 총체적 전략경영을 하고 있다. 삼성인은 애국자가 되어야 한다.

지난 1993년 이건희 회장이 '신경영 선언'을 할 때만 해도 삼성의 제품은 이류였다. 그러나 얼마 지나지 않아 이건희 회장은 삼성을 세계 일류로 끌어올렸고, 2012년부터는 초일류로 가기 위해 총력을 기울이고 있다.

하지만 일류에서 초일류로 가는 길은 매우 험난할 것이다. 아마 이를 위해 이재용 사장도 부친 이건희 회장으로부터 목계의 교훈, 목계의 경영사상을 배워야 할 것이다.

삼성이 세계시장에서 초일류가 되기 위해서는 다음의 3가지 조건을 갖춰야 한다고 필자는 생각한다.

첫째, 지구상에 존재하지 않는 새로운 패러다임을 창조할 수 있는 천재의 영입을 실천해야 한다.

둘째, 디자인 혁명의 실상을 전개하고, 디자인으로 승부해야 한다.

셋째, 존경받는 기업을 만들기 위한 양념SPICE의 활용을 최대화해야 한다.

현재 세계 일류의 반열에 들어선 삼성은 초일류가 되고자 한다. 초일류는 명품이다. 즉 삼성은 명품의 세계로 진입하려고 하는 것이다. 이건희 회장이 천재 영입에 주력하고, 사장단에게 디자인 혁명을 주문한 것은 명품으로 가기 위한 몸부림이라고 생각된다.

삼성은 우선 존경받는 기업이 되어야 한다. 사회적 활동의 기여S, 동반자관계의 상생의 파트너십 실천P, 투자자와의 관계I, 소비자 및 세계적 고객의 감동C, 인간존중의 직원, 예절함양과 인격도야의 종업원E 등이 조화롭게 이루어져 진정한 '양념SPICE'으로서의 역할을 수행해야 할 것이다.

과거에 삼성은 여느 기업과 마찬가지로 '생존하는 기업', '강한 기업'을 꿈꾸어 왔다. 그러나 그것은 구시대적인 발상이다.

21세기에는 이를 뛰어넘어서 세계인들이 아끼는 대상이 되고 존경받는 기업이 되어야 한다. 고객과 이웃, 그리고 인류사회로부터 존경받는 기업, 삼성이 이루어야 할 목표이다.

삼성은 뛰어난 인재를 확보하기 위해 어느 기업보다 노력하고 있으며, 첨단기술을 갖춤으로써 인류에게 사랑받는 기업이 되고 있다.

21세기의 삼성인재들은 인간미, 도덕성, 예의범절, 에티켓, 창조성, 전문가적 지식, 미래에 대한 혜안 등을 고루 갖춘 보배들이다. 이런 인재들은 곧 기술력이므로, 삼성은 하이테크의 기술뿐만 아니라 인간의 욕구를 충족시키는 기술을 개발하여 세계적 기업으로 우위를 점하게 될 것이다.

친환경기업을 모토로 한 삼성이 만든 제품 또한 각 국가가 부과하는 환경기준을 엄격히 준수할 뿐만 아니라 어떤 국가의 것보다도 엄격한 삼성의 환경기준을 제정하여 이를 지켜나갈 것이며, 따라서 삼성의 모든 사업장은 가장 안전하고 쾌적한 공간이 될 것이다.

새로운 가치의 창출

삼성은 소비자와 항상 가까이 하며, 소비자가 원하는 제품을 꾸준히 개발하고, 소비자 중심의 고부가가치 사업을 전개해나가고 있다.

소비자 욕구의 다양화, 고급화 그리고 세계화 추세를 고려할 때 삼성의 사업은 과거의 단종품 사업에서 시스템 창출사업으로, 다시 신생활, 신공간, 신시간을 창조하는 사업으로 뻗어나갈 것으로 보인다.

삼성은 새로운 방식의 사업전개 개념을 도입해 4차원적으로 융합시킴으로써 21세기의 새로운 가치를 창출해나가고 있다.

지난 20세기 산업이 유지해온 고유영역을 무너뜨리면서, 제조 · 비제조업의 구분이 완화되고 전자, 기계, 화학, 과학, 항공, 소재, 생명공학 등 각종 산업들이 서로 융합되어 새로운 개념의 21세기 복합첨단산업을 탄생시킬 것이다.

이에 따라 모든 사업부문이 세계 초일류 수준의 경쟁력을 확보할 수 있도록 4차원 융합산업으로 재조정될 것이다.

동 · 서양의 전략통합형 경영구조

21세기 삼성의 경영 시스템은 분권형 경영구조의 형태가 되며, 그룹을 이끌어가는 핵심은 전략통합형 경영체제가 될 것이다. 이는 마치 태양을 중심으로 여러 개의 위성들이 공전과 자전을 하는 태양계와 같은 모습이다.

독립적으로 산재된 생산, 판매, 연구조직 등의 지역거점을 유기적으로 연계하여 '융합첨단삼성'으로서의 세계화 전략을 구사함으로써 구심점인 삼성은 파생적 시너지 효과를 가지게 된다.

이러한 시너지 효과의 극대화를 위한 전략적 연합과 제휴, 네트워크의 확대 등으로 활발한 연구개발 활동을 전개하여 경영체제의 세계화와 글로벌 경쟁력 강화를 추구해나갈 것이다.

삼성은 21세기 초일류기업 실현을 위해 언제, 어디서나 필요한 정보를 손쉽게 활용하여, '세계화 오퍼레이션'을 수행하는 '융합의 시대'를 리드할 수 있는 '첨단정보환경 구축'이라는 정보인프라 비전을 실현해나갈 계획이다.

세계화를 지향하는 동서양의 전략통합형 경영구조는 '융합'과 '첨단'이라는 두 가지를 갖추지 않고서는 어렵다. 반드시 이러한 '융합첨단삼성시스템'이 구성되고 전개될 때, 세계의 기업들은 삼성이라는 로고만 보아도 순종하며 따라오게 될 것이다.

인간미와 도덕성 중심의 친화적 기업

이건희 회장은 기업의 사회적·윤리적 책임을 강조한다.

삼성은 일찍부터 도덕성을 바탕으로 한 기업활동을 통해 국민들에게 신뢰받고 국민과 사회, 나아가 인류에 봉사하며, 기업의 사회적·윤리적 책임을 다하고 있다.

삼성인 모두는 인간미, 도덕성을 완벽히 갖추고, 한국인으로서 예의범절과 국제인으로서 에티켓을 철저히 지켜나가면서 지구 전체를 바라보고 크게 생각하는 사람이 되어야 한다고 강조하고 있다.

또한 개인생활의 질로부터 시작해 조직, 제품, 회사, 국가의 질을 높이는 데 주력하고, 국내외 환경변화와 그에 대응하는 전략을 수립하는 능력을 기르며, 기업활동을 통해 인류에 공헌하는 구성원이 되어야 한다고 주장하고 있다.

따라서 삼성은 기업을 통해서뿐만 아니라 사회공헌 활동을 통해 초일류기업으로서의 사회적 책임을 다해 나갈 것이다.

자연을 존중하고, 환경친화적인 사업장을 만들어갈 것이며, 문화, 예술, 교육, 사회복지 등 사회공헌 활동을 통하여 존경받는 기업을 만들어나갈 것이다.

이러한 초일류기업 지향의 삼성문화는 그것을 구현하기 위한 하부구조로서의 기업문화형태가 형성되어 있음을 인식해야 한다.

인류사회에 공헌하기 위한 '질 위주의 경영'을 기반으로 하는 삼성문화의 파생적 형태를 보면 다음과 같은 7가지 하위개념의 경영문화가 형성되어 있음을 알 수 있다.

(1) 고객중시의 공생주의 문화
(2) 초일류에의 도전주의 문화
(3) 기술개발의 혁신주의 문화
(4) 미래지향의 창조주의 문화
(5) 무노조의 조직문화
(6) 사회적 책임 사회공헌 문화
(7) 윤리관에 입각한 정도주의적 문화창달의 휴머니즘 문화

새롭게 조명되는 윤리경영

윤리경영의 목적은 기업을 'Good Company', 즉 좋은 기업, 착한 기업, 사랑받는 기업으로 만들자는 것이다.

착한 기업이란 윤리의 기준을 정해놓고, 전체 구성원이 그에 맞는 행동을 하는 것인데, 그 기준이 바로 기업의 윤리강령이다. 기업의 윤리강령은 CEO 및 종업원의 윤리적·도덕적 신념과 그 수준을 대내외적으로 천명하고 실천하기 위한 것이며, 직원들의 작업환경에 윤리적·도덕적 분위기를 조성하기 위한 것이다.

윤리경영의 목적은 사회적 가치를 창조하는 기업, 사회의 일원인 시민기업, 환경친화적 기업, 인간성 기업 등 사회와 더불어 성장해가며 이익의 질을 중요시하는 기업을 만드는 것이다.

윤리경영은 사랑받는 기업, 존경받는 기업을 만드는 경영활동의 핵심이다. 따라서 '윤리강령'은 다음과 같이 활용된다.

'해야 할 일'과 '해서는 안 될 일'을 구별하는 기준

윤리강령은 종업원들에게 옳고 그른 판단기준을 제공하고, 동시에 '해야 할 일'과 '해서는 안 될 일'을 구별하는 기준이 된다. 이를 통해서 종업원들이 윤리적 문제를 자의적으로 판단할 여지를 감소시킨다.

여론의 비판을 받지 않도록 사전 예방에의 활용

윤리경영 관련문제가 발생하여 여론의 비판을 받거나 정부의 간섭이나 규제 등이 생기지 않도록, 사전에 예방하는 데 활용한다. 이는 자유로운 기업활동의 도덕적 기준으로도 활용된다.

전략경영과 경영정책의 윤리관련 요소 결정

회사의 전략경영이나 교육프로그램, 경영정책과 관련된 경영활동 등에 윤리관련 요소를 어느 수준에서 포함시켜야 할 것인가에 대한 기준을 제공한다.

상사의 명령도 거절할 수 있는 근거 마련

회사 내의 전문가들이 경영자 또는 중간관리자로부터 부당한 간섭이나 압력을 받을 경우, 여기에 대항할 수 있는 근거를 제공한다. 즉, 종업원의 행동준칙에 금지된 사항이면 상사의 명령이라도 거절할 수 있는 근거로 활용된다.

삼성 윤리경영의 기본정신

삼성은 인재와 기술을 바탕으로 최고의 제품과 서비스를 창출하여 인류사회에 공헌하는 '21세기 세계 초일류기업' 을 지향한다.

세계 초일류기업은 삼성인 각자가 최고의 윤리가치를 공유하고, 한 방향으로 실천할 때만이 가능하다. 이에 삼성은 경영이념과 삼성인의 정신을 바탕으로 삼성헌법, 즉 삼성윤리강령을 만들고, 이를 모든 구성원들의 행동과 가치판단의 기준으로 삼고 있다.

공동번영의 추구Win-Win

종업원과 고객, 협력업체, 주주, 지역, 국가, 인류사회가 더불어 다함께 잘 사는 공동의 번영을 추구한다.

공정한 경쟁Fair

세계 어디서나 사업활동을 전개함에 있어서 국가와 지역사회의 법규와 도덕을 준수하고, 정정당당히 실력을 바탕으로 자유롭고 공정하게 경쟁한다.

인간미 · 도덕성 · 예의범절 · 에티켓Basic

인간미 · 도덕성 · 예의범절 · 에티켓을 준수하여 세계를 무대로 미래를 창조해나간다.

삼성인은 자신과 회사의 명예를 지키기 위해 각자가 회사를 대표한다는 자세로 다음의 기준에 따라 스스로 판단하고, 자율적으로 실천한다.

(1) 법에 위배되지 않는가?
(2) 삼성윤리강령의 가치에 합당한 것인가?
(3) 양심의 가책을 받지 않는가?
(4) 부당한 이익 또는 손해를 보는 사람은 없는가?

오늘날 삼성의 윤리경영 내용은 '삼성윤리강령'에 모두 함축되어 있다. 삼성인은 상호 간에 윤리강령을 위반한 행위에 대해서는 반드시 지적하고 고치도록 한다. 이러한 삼성 윤리경영의 기본정신은 다음과 같은 '3가지 윤리강령'의 내용으로 나뉜다.

(1) 삼성의 경제활동
(2) 삼성의 사회적 역할
(3) 삼성인의 직장생활

이해관계자의 신뢰와 공동번영 추구

삼성은 세계 초일류기업을 목표로 질質 위주의 경영을 통해 인류사회에 유용한 최고의 제품과 서비스를 창출한다. 이와 함께 경제활동의 대상이 되는 고객, 종업원, 협력업체, 경쟁자, 주주 등 이해관계자와 상호 신뢰를 바탕으로 공동으로 번영을 추구한다. 이를 위해 다음의 사항을 지향한다.

새로운 가치 창조

- 품질은 결코 타협하거나 양보할 대상이 아닌 우리의 최고 가치이다.
- 가장 좋게, 가장 싸게, 가장 빠르게 최고의 경쟁력을 확보하기 위해 노력한다.
- 부단한 혁신과 연구개발을 통하여 인류생활에 도움이 되는 새로운 가치를 창출한다.

고객 중심의 서비스

'고객이 있으므로 삼성이 존재한다.'는 신념으로 고객의 의견을 존중하고, 고객의 재산과 명예를 보호한다. 이를 위해 다음의 사항을 준수한다.

- 고객은 의사결정의 궁극적인 기준이다. 고객의 요구와 기

대에 부응하여 매력적인 제품과 서비스를 제공한다.

- 진실한 마음과 친절한 태도로 고객을 대하며, 고객의 불만과 제안을 겸허하게 수용한다.
- 고객의 자산, 지적재산권, 영업비밀 등을 삼성의 재산만큼 소중하게 보호한다.

직원들의 삶의 질 향상

인간존중의 바탕 위에 사원 개개인의 인간적 존엄성과 가치를 인정하고, 정신적 · 물질적 삶의 질 향상을 위해 다음의 사항을 지키고자 노력한다.

- 안전하고 쾌적한 작업장을 제공한다.
- 자유롭고 창의적으로 일할 수 있는 신바람 나는 직장 분위기를 조성하며, 사원의 고충 해결을 위해 노력한다.
- 능력과 공헌도에 따라 공정한 대우를 하고, 사원 본인과 가족의 건강, 교육, 노후생활 등 삶의 질을 향상시키기 위해 최선을 다한다.

협력업체와의 호혜互惠

협력업체와 호혜의 원칙에 따라 상호 발전할 수 있도록 힘쓰며, 삼성의 권한과 지위를 이용하여 부당한 요구를 하지 않는다.

- 협력업체 선정은 그들이 제공하는 제품 및 서비스의 품질

과 가격, 신뢰성 등을 기초로 투명하고 공정하게 한다.

- 협력업체와의 거래에 있어서 회사의 명예와 이익을 우선하고, 부정한 금품이나 향응을 받지 않는다. 협력업체에게 삼성윤리강령의 취지와 정신을 설명하고, 이의 준수를 권장한다.
- 협력업체의 제반 경영활동을 다양한 방법으로 지원하며, 삼성의 어려움을 협력업체에게 떠넘기려 하지 않는다.

공정한 경쟁

삼성은 법과 상도의에 따라 모든 경쟁자와 자유롭고 공정하게 경쟁한다.

- 경쟁관계를 상호 발전의 계기로 생각하며 경쟁사가 행사하는 정당한 권리를 존중한다.
- 새로운 경쟁자와의 자유경쟁을 저해하는 행위를 하지 않는다.
- 상품의 가격이나 용역의 대가를 부당하게 결정하지 않는다.

(6) 주주 존중

삼성은 합리적인 투자와 건실한 경영으로 주주에게 장기적인 안정적 이익을 제공한다.

- 장기적이고 안정적인 이익을 위해 원가절감과 생산성 향

상에 노력한다.

- 투기적 사업확장이나 단기적인 시세영합을 통해 주주의 이익을 위험에 처하게 하지 않는다.
- 일반적으로 인정된 기업 회계기준에 따라 재무상태를 기록·관리한다.

정당한 광고와 홍보

고객에게 삼성의 제품과 서비스, 경영활동에 대한 유용하고 가치 있는 정보를 제공하기 위해 노력한다.

- 삼성 제품과 서비스에 대하여 충실하고, 적정하게 표시하여 광고한다.
- 허위광고나 과장광고, 미풍양속을 해치는 광고를 하지 않는다.
- 경쟁사를 비방하거나 비난하는 광고를 하지 않는다.

기업의 사회적 역할

삼성은 인류에 해가 되는 활동은 하지 않으며, 세계 기업시민으로서의 사명과 역할을 충실히 수행한다. 나아가 인류사회의 풍요로운 번영을 위해 사회공헌 활동을 전개한다.

의무와 권리

기업시민으로서 각종 의무를 성실히 수행하며, 누릴 수 있는 권리를 정당하게 주장한다.

- 국가와 지방자치단체 등의 지역사회가 부여하는 조세 및 각종 의무를 성실히 수행한다.
- 사업 환경의 변화로 인한 사회적 제도의 신설, 개정, 폐지가 필요할 경우, 사회 각계의 폭넓은 의견수렴과 정당한 절차를 거쳐 청원할 수 있다.

법규 준수

삼성은 국가와 지역사회의 각종 법규를 준수하며, 상도의와 거래관습을 존중한다.

- 기업이 지켜야 할 모든 법규와 지방자치단체 등의 자치규범을 충실히 준수한다.
- 상도의商道義를 벗어나는 부당한 방법으로 부당한 이익을 취하지 않는다.

정치 불개입

삼성은 정치에 개입하지 않는다.

- 삼성은 정치에 개입하지 않는다. 그러나 삼성의 이해와 관련되는 정책의 입안과 법률제정 등에 대해서는 입장을 표명할 수 있다.
- 삼성인은 삼성과 관계없는 개인의 신분으로 정치적 입장을 밝힐 수 있다. 그러나 개인의 입장이 회사의 입장으로 오해받지 않도록 주의해야 한다.

기술개발과 경제발전에 기여

삼성은 첨단기술의 개발과 확산을 위해 노력하며, 영속적인 기업활동을 통해 국가발전에 기여한다.

- 국가와 인류의 미래를 풍요롭게 할 첨단기술의 연구 및 개발에 힘쓴다.
- 정당한 이익 창출을 통해 영속기업으로 발전하여 국가경제의 안정과 성장에 이바지한다.

환경보호

환경은 전 인류가 영원히 보존해야 할 대상임을 인식하고, 깨끗한 자연을 보전하는 데 힘쓴다.

- 삼성이 행하는 사업은 환경친화적이어야 한다.
- 해당국가의 환경기준을 충실히 준수하여, 환경운동에 적극 참여한다.

- 꾸준한 연구와 기술개발을 통해 환경보호와 자연보존에 앞장선다.

사회봉사와 이익의 사회환원

삼성은 사회봉사를 하고, 이익의 사회환원을 통하여 국가와 인류사회 발전에 공헌한다.

- 사회에 대한 자발적인 봉사가 기업의 사회적 책임의 일부라고 믿으며 사회봉사, 재난구호, 사회계몽 등에 적극 참여한다.
- 일정부분을 사회공헌 활동에 투자함으로써 지역사회 발전에 기여한다.
- 인류사회를 정신적으로 풍요롭게 하는 학문과 예술, 문화, 체육의 발전을 위해 다양한 지원을 제공한다.

국제경영활동 규범 준수

세계 어느 곳에서 사업을 하든 그 나라의 문화와 전통을 존중하고, 법규를 준수하며, 지역사회 발전에 이바지한다.

- 국가 간 문화와 전통의 차이로 인한 윤리적 갈등을 인정하고, 공정하게 해결하기 위해 힘쓴다.
- 해당 국가의 기업시민으로서 그 나라의 법률과 관행을 존중하며, 지역사회발전에 이바지한다.

• 현지의 문화와 관습을 존중하며, 국제인으로서의 에티켓과 품위를 지킨다.

삼성인의 직장생활

횡령, 배임수재, 금품수수, 향응 등 일체의 부정부패를 하지 않으며, 업무 수행시 회사와 개인의 이해가 상충할 경우, 회사의 이익을 우선으로 생각하고 행동한다.

삼성인은 '인격체로서 상하는 없다.'는 인식하에 서로를 존중하고, 인간미 · 도덕성 · 예의범절 · 에티켓을 생활화함으로써 자신의 명예를 지켜나간다.

또한 개인의 자율과 창의를 최대한 존중하고, '나부터 변화'를 통해 한 방향으로 나아감으로써 개인의 성장과 회사의 발전을 함께 추구한다.

명예와 품위 유지

삼성인은 인간미 · 도덕성 · 예의범절 · 에티켓을 생활화하여 자신의 명예와 품위를 지키고, 함께 일하는 상사와 동료의 인격과 권리를 존중한다.

- 각자가 삼성을 대표한다는 자세로 항상 단정한 복장, 예의 바른 행동, 품위 있는 언어로써 삼성인의 명예를 지킨다.
- 공평무사하게 업무에 임하여 약속을 지키고, 거짓말, 변명, 뒷다리 잡기 등 비윤리적 행위를 하지 않는다.
- 성적 희롱이나 장애자에 대한 모독 등 사회적 · 문화적 편견을 담은 언사나 행동을 하지 않는다.

자율과 창의 존중

삼성인은 개인의 자율과 창의를 존중하고, 자율에 수반된 책임을 지며, 한 방향으로 나가기 위한 개방적 의사소통을 도모한다.

- 자신의 직무와 역할을 인식하고, 자율적으로 판단하고 행동하며, 그 결과에 대해서 책임을 진다.
- 창의적인 아이디어, 제안을 존중하고, 소신 있게 의견을 개진하며, 다른 사람의 의견을 경청한다.
- 특정 개인이나 부서의 이익을 위해 허위 · 과장 보고를 하지 않으며, 중요한 정보를 은폐하거나 독점하지 않는다.

공정한 인사人事

삼성인은 능력과 자질에 바탕을 두고 공평무사한 인사를 하며, 노력도와 공헌도에 따라 공정하게 처우한다.

- 성별, 학력, 종교, 출신지역, 신체장애 여부, 결혼 여부에 관계없이 공정하게 인사하고 처우한다.
- 능력주의, 적재적소 인사원칙을 준수하고, 노력도와 공헌도에 따른 합리적 대우를 한다.
- 기본과 원칙을 지키고 최선을 다한 실수는 재산으로 인정하며, 벌보다는 상을 더욱 장려한다.

공사의 구분

삼성인은 회사의 재산을 보호하고 공사를 분명히 구분하며, 자신의 지위를 이용하여 사리를 도모하지 않는다.

- 회사의 물적 재산, 지적재산권, 영업비밀을 보호하며, 어떠한 경우에도 회사의 재산을 사적인 목적을 위해 사용하지 않는다.
- 횡령, 배임수재, 금품수수 등 일체의 부정부패를 하지 않으며, 업무수행 시 회사와 개인의 이해가 상충할 경우, 회사의 이익을 우선으로 생각하고 행동한다.
- 보안이 필요한 정보는 사전허가나 승인 없이 외부에 유출하지 않는다.

근검절약 및 가정문화 중시

삼성인은 근검절약을 생활화하며, 가정의 문화를 중시한다.

- 주인의식을 가지고 생활하며, 회사의 비품을 내 것처럼 아껴 쓴다.
- 사치, 낭비, 도박, 허례허식, 과음, 과소비를 지양하고, 근검절약을 생활화한다.
- 가정이 사회생활의 근원임을 인식하고, 효행과 화목으로 건전한 가정문화를 도모한다.

안전하고 쾌적한 직장환경 조성

삼성인은 직장환경을 늘 안전하고 쾌적하게 유지하여 사고를 예방하고 생산성을 높인다.

- 청결, 정리정돈을 생활화하여 안전하고 쾌적한 직장생활을 만들어나간다.
- 안전사고 예방을 위해 노력하며, 안전사고가 일어날 가능성을 발견하면 즉시 보고하고 조치를 취한다.
- 안전에 관한 관련법규와 기준을 준수하고, 어떤 상황에서도 안전수칙을 철저히 수행한다.

자기계발과 직원 육성

삼성인은 부단한 자기계발을 통해 나부터 변하고, 상경하애上敬下愛로써 가르치고 배우며, 동료 간에 잘못된 점은 서로가 지적하고 고쳐나간다.

- 삼성인은 각자가 세계수준의 경쟁력을 갖추기 위해 끊임없는 자기계발을 한다.
- 상호 간에 잘못된 점은 반드시 지적하고, 고치도록 하여 서로의 발전을 도모한다.
- 후배는 선배를 존경하고 따르며, 선배는 후배를 올바르게 가르칠 의무가 있다.

이상과 같이 삼성의 "윤리경영 기본 정신"은 21세기 세계 초일류기업으로 지향하는 "삼성헌법"으로 제정되어 모든 구성원들의 경영활동의 지침이 되고 있으며, 삼성그룹 공동체 가족들의 가치 판단기준으로 귀감이 되고 있다.

제10부

초일류기업, 초인류기업

인류사회 공헌 스토리

농업의 기계화로 농산물이 풍부해지고, 섬유나 석유화학 산업의 발달로 가볍고 편한 의복을 입게 되었으며, 반도체를 비롯한 전자제품의 발달로 우리의 생활은 더욱 편리해졌다. 또한 의학과 유전공학, 생명과학 발달로 인류가 질병의 고통에서 해방될 날도 머지않았다.

하지만 과연 우리는 행복한가? 자문하지 않을 수 없다.

행복의 기준은 개개인의 취향이나 습관, 목표에 따라 다르겠지만, 한마디로 삶의 질이 높다면 행복하다고 할 수 있을 것이다.

삶의 질이 높으면 지금보다는 모든 것이 나아져 물질적 · 정신적 여유가 생기며, 남을 돕고 사회와 국가에 이바지할 수도 있다.

초일류기업은 단순히 이윤의 극대화만 추구하는 조직이 아니다. 개개인의 삶은 물론 가족의 삶까지, 그리고 사회와 국가 나아가 인류의 삶의 질까지 높이는 초인류적超人類的 조직이기도 하다.

삼성은 이런 모든 것을 가능하게 할 수 있을 것인가?

초일류기업의 실현

기업은 단순히 이익만을 추구하는 조직이 아니다. 기업에 근무하는 직원이 증가하고, 기업이 생산한 제품과 서비스를 이용하는 지구촌 고객이 늘어남에 따른 책임과 의무를 다해야 한다.

이건희 회장은 일찍이 '삼성 신경영'에서 이 문제를 가지고 고민하였다.

초일류기업은 기업 조직원의 올바른 생각과 자세, 그 기업의 건전한 문화와 풍토, 즉 건전한 기업이념을 바탕으로 고객을 생각하고, 사회를 생각하고, 인류를 생각하면서 세계를 무대로 최고의 제품을 만들어내는 조직이다.

21세기 삼성인 20만 명 모두가 인간미와 도덕성을 완벽하게 갖추고 한국인다운 예의범절과 품위 있는 국제인의 에티켓을 지키면서 직장생활을 열심히 한다면 초일류기업을 실현할 수 있을 것이다. 또한 개인생활의 질, 상품의 질, 조직의 질, 회사의 질, 국가의 질을 높이는 데 주력하며 경쟁력의 진정한 의미와 환경변화를 예측할 수 있는 예견력을 가지고 최상의 서비스로 가장 좋게, 가장 싸게, 가장 빠르게 소비자에게 제품을 공급한다면 삼성은 세계 초일류기업으로 우뚝 설 것이다.

요람에서 무덤까지 : 삼성의료원을 세운 까닭

직장인은 참으로 불행한 사람이다. 그동안 회사 일 하느라고 정신없다 보니 부인이나 자식에게는 완전히 내놓은 사람이 되었다. 집에 가면 하숙생 신세다. 집에 있어도 편하지 않으므로 결국 회사 일이 바쁘다는 핑계로 회사에 출근한다.

직장인은 참으로 무책임한 사람이다. 자식 교육에는 신경도 쓰지 않고, 모든 것을 부인한테 맡겨놓는다. 어느덧 가족은 남이 되어버린다.

가슴에 손을 얹고 생각해보라. 오후 4시에 퇴근해서 집에 가 보니 어떻던가? 가정에서도 할 일이 많다는 생각이 들지 않던가?

이제 자식, 가족, 친구, 친척도 생각하면서 살아야 한다. 그러기 위해서는 우선 자신의 삶부터 개선해야 한다. 개인적인 삶의 질이 높아야 남들도 돌볼 수 있기 때문이다.

"사람이 경제적으로 잘사는 것도 중요하지만 고민이 적어야 한다. 우리 삼성인 각자가 지닌 고민의 90%는 자신의 건강, 가족의 건강, 자녀교육, 노후대책, 사후문제 같은 것들이 아닌가? 초일류기업이 되기 위해서는 개인적인 문제, 가족의 문제 등 직원의 모든 문제를 해결해주고, 요람에서 무덤까지 보장해야 한다."

초일류기업이 되기 위해 전진하는 삼성 이건희 회장의 말이다.

아무리 개인 삶의 질이 높아지더라도 나이가 들고 병에 걸리는 것은 어쩔 수가 없다. 그러다가 덜컥 죽기라도 한다면? 누구나 한 번쯤 이런 생각을 할 것이다.

그래서 삼성의료원을 세운 것이다. 삼성의료원은 세계 최고의 의료시설을 갖추고 있으며, 일류 의사와 간호사들이 질 좋은 의료 서비스를 제공한다. 또한 병이 생기기 전에 미리 예방을 할 수 있게 건강진단도 철저히 해준다.

앞으로 이 같은 병원을 전국에 몇 곳 더 만들 예정이다. 어디에서 살든 삼성가족이면, 최우선적으로 입원도 되고 완벽하게 치료를 받을 수 있다.

하지만 사람은 결코 죽음을 피할 수 없다. '만약 내가 죽으면 어떻게 하나?' 하는 생각도 할 것이다.

이에 대비해서 삼성은 용인에 그룹 임직원을 위한 공원묘지를 만들 계획이다. 원하는 사람은 누구든 들어올 수 있다. 단, 화장을 전제로 하고, 한 사람 앞에 한 평씩만 주어진다. 그리고 가족에게는 그룹의 기금에서 연금이 지급된다.

이처럼 개개인이 가진 고민 90% 이상이 해결되고, 현재의 가정생활이든 노후문제든 걱정거리가 없어진다면 회사 일을 열심히 하면서도 얼마든지 인생의 여유를 즐길 수 있지 않겠는가. 우리가 구상하고 있는 복합화가 완성되면 이런 것들이 전부 해결될 것이다.

삼성은 초일류기업으로서 직원에 대해 요람에서 무덤까지 보장하고 있다.

자랑스런 삼성마크

현재 삼성은 세계 일류의 반열에 들었고, 이건희 회장은 세계 갑부 서열 106위에 올랐다.

미국경제전문지 『포브스Forbes』가 2012년 3월에 발표한 세계 억만장자 순위에 따르면, 멕시코의 통신기업 텔맥스텔레콤의

카를로스 슬림Carlos Slim 회장이 690억 달러로 3년 연속 세계 최고의 자리를 지켰으며, 마이크로소프트 창업자인 빌 게이츠Bill Gates는 610억 달러로 2위, 버크셔해서웨이의 워런 버핏Warren Buffett 회장은 3위에 올랐다.

삼성 이건희 회장은 순자산 83억 달러로 한국인 가운데 가장 순위가 높았으며, 세계 서열 100위권이다. 얼마나 대단한가, 이것은 모두 삼성 가족의 노력의 결과라고 생각한다.

삼성이 초일류기업을 지향하는 것은 결국 모두가 잘 살기 위함이다. 이를 위해서는 자연에 역행하는 것, 종교전쟁 그리고 공산주의 개혁 등 극단적이고 급진적인 것은 피해야 한다.

이런 것들 외에는 모두 가능하다. 단 인류생활에 도움이 되는 것이라야 한다. 국가와 사회에 적극적으로 참여하여 도움이 되어야 지지를 받아 클 수 있기 때문이다. 나아가 국제사회에서 도움도 되고, 호감도 얻는다면 기업의 생명은 영원할 것이다.

그러나 '천 리 길도 한 걸음부터'라고 모든 것이 단번에 이뤄지지는 않는다. 회사가 커지고 발전해야 한다. 그러면 직원 개개인의 삶도 좋아지고, 투자한 주주에게도 이익이 돌아가며, 이윤을 국민에게 환원할 수도 있다.

이 같은 철학이 조직 분위기에서 존재하는 것만으로도 자긍심이 생기고, 개인의 발전이 보장된다.

삼성에 다니는 사실에 자부심을 가질 수 있고, 삼성 배지를 달고 다니는 사실 하나만으로 다른 이들의 부러움을 살 수 있다.

이제 우리 모두는 힘을 모아 도전적이고 창조적인 기업문화를 이루어내야 한다.

초일류기업에서는 도전과 실패를 두려워하지 않는다.

무슨 일을 하건 회사에서 시켜서 하는 것이 아니라 자기가 좋아서 하기 때문이다. 같은 직장생활이라 해도 이왕이면 서로 유쾌하고 즐겁게, 신바람 나는 분위기에서 최선을 다한다면 전체에도 도움이 되는 결과를 가져올 수 있을 것이다.

"삼성 가족 여러분! 초일류기업의 기준은 얼마나 좋은 상품과 서비스를, 얼마나 좋은 질로, 얼마나 빠른 시간 내에, 얼마나 싼 값에 만들 수 있느냐 하는 것입니다."

이건희 회장의 초일류기업 기준에 대한 설명이다.

최고의 효율을 바탕으로, 좋은 상품을 빨리, 값싸게 만들어내면 세계시장에서 경쟁력을 갖추게 된다.

무엇보다도 고객들이 그렇게 좋은 물건을 만들어낸 삼성과 삼성 사람들에게 고맙다고 말할 수 있을 정도까지 되어야 한다.

인류를 위한다는 것이 지금의 우리에게는 분수에 넘치는 말인지도 모른다. 하지만 꾸준히 노력하면 그렇게 될 수 있을 것이다. 인류에게 도움이 되는 친환경적인 제품을 만들어내고 윤리경영으로 사회적 책임을 다하면 된다.

무슨 일이 있더라도 인류에 해로운 짓은 하지 말자.

국제사회에서 남에게 폐를 끼치지 않는 것은 물론 한국을 대표하는 기업다운 긍지를 가져야 한다.

삼성인들은 같은 기업활동을 하면서도 어떻게 하면 국민들에게 계속 신뢰를 받고 국민적 기업으로 더욱 튼튼하게 자리를 잡을 수 있을 것인지를 항상 염두에 두고, 국민과 사회에 헌신적으로 봉사하며, 공평한 분배 등 도덕적 기반을 강화하는 데 많은 노력을 쏟아야 한다.

이런 개념을 갖고, 세계 어느 지역이든지 삼성을 필요로 하는 곳이 있으면 나아간다. 그러면, 세계를 생각하는 삼성인, 인류를 생각하는 삼성인이 되고, 세계에서 환영받는 삼성이 될 것이다.

이렇게 될 때 삼성의 제품에는 광고비가 필요 없게 된다. 왜냐하면 광고를 보지 않아도, 삼성 제품을 살 것이기 때문이다.

이건희 회장은 또한 '세계 초일류기업으로 가는 길은 아무리 험난하고 힘들다 할지라도, 우리가 반드시 이룩하여 후세에 남겨주어야 할 지고의 가치이자 목표'라고 하였다.

뿌리내린 윤리경영

이건희 삼성 회장은 2012년 신년 메시지에서 다음과 같이 밝혔다.

“회장에 취임한 이후 지난 25년간 누누이 강조해왔지만 삼성은 국민기업으로서 사회적 책임을 다해야 한다. 또한 어려운 이웃, 사회적 약자를 돕는 일에 더 많은 관심과 노력을 기울여 우리 사회의 발전에 동참해야 한다.”

삼성은 윤리경영을 실현하고 있다. 이 회장이 밝힌 대로 국민기업으로서의 사회적 책임과 역할을 다하기 위해서이다.

계열사의 준법경영을 강화하고, 직원들의 윤리경영의식을 높이기 위한 시스템을 재점검하는 한편, 호텔신라의 베이커리사업을 접는 등 사회가 용인하지 않는 비즈니스는 국민의 눈높이에 맞춰 과감히 포기하는 결단을 내리는 것도 이 때문이다.

삼성그룹의 정도경영, 윤리경영 철학의 뿌리는 상당히 깊다.

“일을 잘하려다 실수하는 것은 용서할 수 있어도, 부정을 저지르는 행위는 용납할 수 없다.”

창업주인 이병철 선대 회장은 입버릇처럼 다짐하곤 했다.

이 때문에 삼성의 윤리경영시스템은 한국기업 가운데 가장 체계적이고, 앞서 있다고 해도 과언이 아니다. 계열사별로 준법경영을 위한 컴플라이언스 프로그램과 조직을 이미 갖췄으며, 또한 컴플라이언스 평가, 보상체제를 구축하고 운용결과를 분석·개선하여 준법경영체제의 안정화를 꾀하고 있다.

삼성전자의 사례를 보자.

경영진에 대한 감독 및 지원을 위해, 이사회 내에서도 독립적으로 운영되는 감사위원회를 두고 있다. 임직원의 윤리경영 실천 여부를 점검하고 독려하기 위해 영업이나 마케팅, 구매 등 각 분야에서 10년 이상 실무경험을 갖춘 전문가 3명을 사외이사로 두어 별도의 감사팀을 운영하고 있는 것이다.

CPMS Compliance Program Management System, 컴플라이언스 업무지원시스템도 2010년 만들어 공정거래, 지식재산, 환경안전 등 회사 차원에서 관리해야 할 중요한 법적 리스크에 대한 매뉴얼과 자기점검 리스트 등을 제공하고 있다.

2011년 4월, '삼성전자 준법경영 선포식'을 통해 이건희 회장은 다음과 같이 밝혔다.

첫째, 회사 업무와 관련된 모든 국내외 법규와 회사 규정을 성실히 준수하고, 어떤 위법행위도 하지 않는다.

둘째, 잘못된 관행과는 절대 타협하지 않는다.

셋째, 준법경영 실천을 위한 활동에 적극 동참하고, 준법문화 구축에 앞장서겠다고 다짐한다.

윤리경영을 넘어 사회적 책임을

이건희 회장은 2011년 6월 어느 날, 출근길에 기자들과 만나 삼성테크윈 내부감사에서 적발된 부정과 관련된 이야기를 했다.

"해외의 잘나가던 회사들도 조직의 나태와 부정으로 주저앉는 사례가 많다. 삼성 또한 예외가 아니다. 부정을 뿌리 뽑아 공정사회에 기여해야 한다."

이 회장은 이 같은 말을 통해 삼성이 윤리경영을 얼마나 강조하는지를 다시금 일깨웠다. 다른 기업이었다면 내부 비리를 사회적 잡음 없이 조용히 처리했겠지만, 이 회장은 스스로 언론에 알리고 대대적인 부정 척결에 나선 것이다.

그룹 컨트롤타워인 삼성 미래전략실은 즉각 모든 계열사에 대한 경영진단과 감사에 착수했다. 2012년에도 삼성의 윤리경영은 가속화되고 있으며, 삼성 사장단에서는 비윤리를 뿌리 뽑겠다고 밝혔다.

과거 삼성전자가 LG전자와 냉장고, 노트북 등 가격을 담합했다가 공정거래위원회에 적발되어 과징금을 부과받은 일이 있었다. 이런 잘못된 관행을 다시는 반복해선 안 된다는 인식에 따른 것이다.

호텔신라 자회사 보나비가 커피 및 베이커리 카페아티제 사업에서 철수한 것도 같은 맥락에서다.

2011년 8월에는 소모성 자재구매대행MRO 사업에 관한 비판이 일어나자, 이를 담당했던 계열사인 아이마켓코리아를 매각했다.

사회적으로 논란이 제기되는 사업에 대해서는 억울한 점이 있더라도 갈등해소를 위해 자발적으로 포기하는 결단을 내리고 있는 것이다.

이건희 회장은 '삼성의 모든 임직원들이 윤리경영을 넘어 사회적 책임을 다해야 한다.'고 주문하고 있다.

경제는 섬겨야 할 두 주인을 가진다

숭실대 교수이자 수필가로 경천敬天, 경지敬地, 경인敬人을 부르짖은 안병욱安秉煜 교수는 경제에 대해서도 다음과 같은 이야기를 해주었다.

인생은 돈이 목적이고, 인생이 돈을 위한 수단이라고 생각한다면 그것은 본말전도本末顚倒의 잘못된 가치관이요, 인생관이다. 우리는 황금만능의 부조리를 우리의 마음에서부터 없애야 한다.

경제는 섬겨야 할 두 주인을 가진다.

하나는 '공정'과 '윤리'라는 주인이고, 다른 하나는 '사회적 책임CSR'이라는 주인이다.

기업은 옳은 방법으로 돈을 벌어야 한다. 광명정대의 공정한 경쟁에 의해서 이윤을 추구해야 한다. 그것이 기업의 도이고, 경제의 도이며, 기업윤리이다.

기업에도 하나의 도道가 있어야 한다. 즉, 윤리경영을 해야 한다. 그리고 돈과 기업에는 사회적 책임이 따라야 한다. 돈과 기업은 나와 내 행복을 위한 것인 동시에 남을 위한 것이요, 민족과 사회의 복지를 위한 것이다.

돈을 버는 일도 중요하지만 사회를 위해서 옳게 쓰는 일이 더 중요하다. 돈을 가진 자는 그것을 옳게 써야 할 사회적 책임이 있다.

기업인은 사회적 양심을 가져야 한다. 비리와 부정을 가지고 돈을 버는 기업인은 사회를 망치고, 나라에 해를 끼친다.

이제 우리 기업인들도 선진 일류국가 도약을 위해 공정사회 구현을 만들어가야 한다. 공정한 법제도 운영에 협조하며, 부패 없는 사회를 만들고, 균등한 기회가 보장되는 사회, 권리가 보장되고 특권이 없는 사회, 즉 부당한 알선, 청탁, 편법이 통용되지 않는 사회를 만들어야 한다.

그리고 건강한 시장경제로 활력 있는 사회, 약자를 배려하고 선의 탈락자가 재도전 기회를 부여받는 사회, 기부, 나눔 문화의 확산이 경제계 전반으로 참여되는 사회를 만들어야 한다.

존경받는 기업이 되기 위해
– 사회공헌 활동을 통한 인류사회에 기여

지금 삼성전자의 1500개 자원봉사팀에 소속된 임직원들은 지역사회와 소속된 이웃을 위해 다양한 봉사활동을 하고 있다.

첫째, 소외된 이웃과 함께하는 삼성이 되기 위해 다양한 사회복지 활동을 펼쳐나가고 있다.

- 시각장애인 컴퓨터 교실 운영 및 컴퓨터 경진대회 개최
- 새내기 사회복지상 시상 및 수상자의 밤 개최
- 사 1촌 자매결연 활동
- 디딤돌 장학회 운영
- 작은 나눔 큰 사랑 지원금 전달식

둘째, 삼성전자는 환경친화 기업으로서 지역사회 환경보전 활동을 펼쳐나가고 있다.

- 청소년 환경체험교실 운영
- 조류보호 지원
- 환경 안전 자매학교 운영

셋째, 다양한 봉사활동은 물론 지속적으로 문화체육 교육 등도 진행하고 있다.

- 지역 내 세계문화유산인 '수원화성 지킴이' 활동 전개
- 초록 동요제 등 동요보급 활동 지원
- 초등학생 대상, 지역사회문화 탐방 지원 활동

넷째, 창의력 올림피아드 등 문화학술 지원을 계속 해나가고 있다.

- 학생 과학탐구 올림픽 대회 후원
- 전국 학생 창의력 올림피아드 개최 등 학부모들에게 유익한 이벤트 제공

다섯째, 한국을 제대로 알리기 위해 국제교류를 증진시키고, 유네스코와 함께 국제 불우이웃을 지원하고 있다.

- 반도체와 함께 지구촌 사랑 나누기
- 중국 삼성, 농촌사랑 1년, 또 하나의 출발
- 삼성전자 올림픽 자선경매 수익금 기부
- 삼성전자 장애인 올림픽 공식파트너 계약 체결
- 러시아 '볼쇼이'에서 심장병 아동 돕기 등 다양한 나눔 경영 실시

이상과 같이 이건희 회장은 존경 받는 기업이 되기 위해서는 사회공헌 활동을 통한 일류사회에 기여해야 한다는 경영 철학을 가지고 있다.

제11부
수성守成과 혁신의 기수

메시지 경영 스토리

우리의 미래는?

"우리의 미래는 신산업, 신제품, 신기술에 달려 있으며, 실패는 여러분의 특권이니 도전하고 또 도전하라. 위기극복을 위해 온 힘을 다하고 지속적인 성장의 토대를 마련하는 것이 우리의 책임이자 임무이다."

2012년 1월 2일 서울 신라호텔에서 개최된 삼성그룹 신년하례식에서 이건희 회장은 이렇게 밝혔다.

세계 제1의 기업을 지향하는 삼성, 세계에서 가장 존경받는 기업으로 우뚝 서고자 하는 목표를 가진 이건희 회장이 이렇게 위기의식을 강조하면서 목표를 설정한 데에는 이유가 있다.

서울대학교 김난도 교수가 한 말의 기억이 새롭기 때문이다.

"글로벌 기업경영에서 앞으로 10년은 과거의 20년보다 빠를 것이다. 불과 1~2년 전만 해도 세계적 성공 모델로 꼽히던 노키아나 닌텐도가 고전하는 것을 보면, 삼성 이건희 회장의 위기의식은 전혀 과장된 것이 아니다."

씨앗사업, 과수사업, 고목사업

지금부터 10년을 100년으로 나아가는 도전의 역사

2011년 1월, 삼성의 신년하례식에서 이건희 회장은 메시지를 던졌다.

"지금부터 10년은 100년으로 나아가는 도전의 역사가 될 것이다."

이건희 회장은 메시지 경영으로 정평이 나 있다. 지금까지 그가 던진 화두話頭는 한국기업의 문제점, 나아가 한국경제의 속 깊은 고민을 반영해왔기 때문이다.

2007년의 신년하례식에서 던진 '샌드위치론'은 큰 반향을 일으키기도 하였다. 기술 우위의 일본과 가격경쟁력을 앞세운 중국 사이에 샌드위치처럼 낀 한국의 기업이 당면한 현실을 냉정하게 간파한 이 말은 우리에게 그의 '메시지 경영'을 중요하게 여기도록 만들었다.

특히 1993년 삼성 신경영을 선언하면서 내놓은 '마누라와 자식만 빼고 모두 바꿔라.'라는 구호는 혁신슬로건으로 통했다.

'한 명의 인재가 수만 명을 먹여 살린다.', '미래의 수종을 발굴할 인재를 찾아라.' 등 이건희 회장의 메시지는 그때마다 경영의 키워드로 관심의 대상이 되어왔다.

이건희 회장은 2007년 신년사 메시지를 통하여 미래 신수종사업 개발의 필요성을 강조하였다.

"지금 우리를 대표하는 사업들은 순환의 고리를 따라 가까운 장래에 중국이나 인도, 동남아지역으로 옮겨가게 될 것이다. 이를 대비해 반도체와 휴대폰 등의 뒤를 이을 신사업의 씨앗을 뿌려야 한다."

삼성의 '신수종사업'이란 미래사업전략을 의미한다. 5년 후 또는 10년 후, 그리고 20년 후, 50년 후 성장의 열매를 맺을 수 있는 차세대 성공사업을 말하는 것이다.

이렇게 차세대에 열매를 맺을 수 있는 사업은 '씨앗사업', 지금 당장 큰 이익을 올리지는 못하지만 앞으로 성과를 낼 수 있는 사업은 '묘목사업', 현재 삼성을 이끌고 있는 사업은 '과수사업',

그리고 성장을 멈추고 열매를 맺지 못하여 정리하거나 퇴출시켜야 할 사업은 '고목사업'으로 분류하여 장단기 로드맵을 추진해야 한다.

그렇다면 과연 이건희 회장은 어떤 사업을 삼성의 미래 '씨앗사업'으로 추진하고 있을까? 이는 우리나라 산업 발전과 직접적인 연관을 가지면서, 경쟁상대인 중국, 일본, 대만, 독일 등과의 관계까지 고려해야 하는 중대한 문제이다.

생활용 로봇, 유비쿼터스, 지식첨단지능장치, 반도체, 소재부품, 헬스케어, 스마트폰에 기반을 둔 보안네트워크 솔루션사업, 생명과학, 솔라 태양에너지 등이 미래의 씨앗사업으로 계획을 세워야 할 것들이다. 물론 이는 삼성뿐만 아니라 세계 경쟁사들이 21세기 미래 신수종사업으로 점치고 있는 지식첨단산업이기도 하다.

현재 삼성이 선정한 제2의 신수종사업은 유기발광다이오드OLED, 차세대 반도체, 발광다이오드LED, 2차 전지, 바이오 등이다. 이들은 삼성그룹의 입지와 기업의 미래좌표가 달라질 수 있는 부문이지만, 그렇게 쉽게 성장사업으로 발전할 수 있는 것은 아니다.

세계 경쟁기업들이 모두 과감한 투자와 연구개발R&D을 하는 가운데 전략적 경영으로 이겨야 하는 삼성그룹의 차세대 신수종사업이라는 점에 중점을 두어야 한다.

경쟁력의 근간은 원천기술과 핵심기술

이건희 회장은 삼성전자와 삼성중공업이 영속적으로 성장할 것이라는 보장이 없다는 사실과 국제경쟁력은 변화할 것이라는 사실을 걱정하고 있다.

삼성이 반도체, LCD, 휴대폰, 디지털 가전제품 등 많은 분야에서 세계시장을 제패하고 있으므로 외형적으로 세계 초일류기업의 위치를 점유하고 있다는 사실은 우리 모두가 알고 있다.

그러나 각 제품의 속사정을 알아보면, 과연 세계 초일류기업의 능력을 갖추고 있는가에 대한 의문이 생긴다. 제품의 생산과 공정기술은 세계적 수준에 이르고 있으나, 원천기술은 선진국에 비해 훨씬 수준이 떨어지기 때문이다.

휴대폰의 경우, 미국의 퀄컴Qualcomm에게 막대한 로열티를 지급하고 있으며, 반도체와 LCD도 대부분의 부품과 설비장치를 일본과 미국의 기업에 의존하고 있는 실정이다.

반도체 생산라인의 경우에도, 외국의 원천기술에 대한 의존도가 매우 높은 편이며, 대략 80%를 미국과 일본으로부터 수입하고 있다. 더욱이 웨이퍼를 깎는 핵심장비는 미국과 일본의 제품이 거의 100%에 이른다고 할 수 있다.

삼성은 이러한 원천기술의 열세劣勢로 인해 비非메모리반도체, 광통신시스템, 이동통신시스템, 네트워크장비, 소프트웨어,

디지털융합제품 등 고부가가치 분야에서 상당한 로열티를 지급하고 있다.

따라서 삼성의 이건희 회장은 원천기술개발에 총력을 집중하도록, 우수한 인재를 영입하는 노력을 하고 있다.

미국산업연구소IRI의 조사에 의하면, 미국기업의 45%, EU지역 기업의 49%가 테크노 CEO 체제를 갖추었다고 한다. 이는 테크노 파워가 산업계를 주도하고 있으며, 기술이 국가를 흥하고 망하게 할 것이라는 공학자들의 예언과 많은 부분 일치한다.

현재 삼성은 원천기술 개발을 어떻게 진행하고 있는가?

원천기술의 개발은 삼성종합기술원을 정점으로 각 전자계열사 연구소 및 각 계열사 사업부개발실의 3원화체제로 이루어지고 있다.

이러한 3원화체제를 하나로 통일하는 전자종합연구단지의 필요성이 절실하다. 미래의 원천기술에서 상용화 단계의 기술에 이르기까지 종합연구단지의 연구시스템을 통하여 상승효과를 기대하고 있다.

삼성종합기술연구단지에서 그동안 축적된 과학기술력을 바탕으로 휴대폰과 컴퓨터, 가전제품과 디지털, 나노기술NT과 정보기술IT 및 바이오기술BT을 융·복합해나가고, 원천기술의 미래 수종사업도 개발해나가는 방향으로 지속 가능 경쟁력을 다질 것이다.

산업평화를 위한 무노조無勞組 조직문화

선친 호암의 뒤를 이은 이건희 회장은 수성守成과 혁신의 기치 아래 삼성의 무노조 문화를 더욱 발전시키고 있다.

그는 그룹 차원에서 능력에 따른 '차등임금보상체계'를 갖추고, 생산성장려금, 스톡옵션 및 이익분배제도 등을 통하여 유능한 사원에 대한 보상시스템을 확립하였다. 그리고 모든 종업원에게 학자금과 주택구입자금을 지원함과 동시에 여가활동과 의료에 대한 지원을 하는 등 오히려 노조가 있는 기업보다 더 많은 복지혜택을 주고 있다.

자기계발 지원 프로그램도 다양한데, 1년간 각국에 파견하여 언어와 문화습득을 하도록 하는 해외지역 전문가제도, 2년간 국내외 대학원 연수를 하는 테크노 및 소시오 MBA제도, 2년간 성균관대와 미국 MIT에서 연수하는 MIT성대 MBA제도 등을 운영하고 있다.

또한 삼성인이면 누구나 3개월, 6개월 단위로 용인연수원과 서소문 서울연구소에서 각국 외국어를 습득할 수 있도록 지원하고 있다.

이렇듯 다양한 종업원의 복지시스템을 운영함으로써, 1987년에 노사분규로 전국이 어지러웠을 때에도 삼성은 조용했다. 그리고 1997년, 금융위기 이후에 전개된 정부의 친노조정책으로 혼란을 자아냈던 시기에도 아무 탈 없이 무노조의 삼성을 이끌어 올 수 있었다.

이러한 무노조의 조직문화는 빠른 의사결정과 정책실행을 가능하게 하였고, 인재경영을 실현할 수 있도록 하였기에 호암에 이어 이건희 회장 시대에도 계속되었다.

그러나 무노조인 삼성에도 '노사협의회' 시스템이 있다. 이 노사협의회에서 종업원들의 불평불만과 애로사항을 모아 경영진에게 전달하여 반영토록 함으로써, 노조보다 더 강력한 노사관계를 형성하고 있는 것이다.

앞으로 삼성은 인간존중의 기업문화를 통한 산업평화를 위하여 무노조의 조직문화를 계속 유지하고, 나아가 다른 경쟁기업보다 더 좋은 종업원의 복지제도와 보상시스템을 운영하여 경영성과를 향상시키는 방향으로 성장할 것이다.

100년을 위한 10년의 창조경영

삼성은 인간존중을 중심으로 한 사회적 가치창출을 통하여 사회적 책임을 다하는 기업으로 발전하고 있다. 윤리경영에 따른 인간존중의 사회적 책임을 지기 위해서는 먼저 경영자인 이건희 회장이 인간존중의 경영이념을 실천하고 있어야 한다.

이건희 회장은 인간에 대한 진정한 애정을 가지고 생산성 향상을 촉진하되, 종업원을 주인으로 섬기고, 대화와 합의에 의한 소통의 경영을 하며, 이해 관계자의 이익이 극대화되도록 노력하는 삼성을 만들고자 한다.

사회적 책임이란 바로 윤리경영을 실현하는 것이 목표가 되어야 한다. 결국 사회적 책임 가치창조가 큰 기업일수록 기업 이윤도 커지며, 경쟁력도 커지고 기업의 성장도 보장받을 수 있기 때문이다.

21세기 삼성은 고객가치창조주의, 인간존중 경영주의, 혁신과 자율경영주의, 신용창조주의, 사업보국주의 등의 경영이념을 바탕으로 윤리적 기업가정신을 실천하는 투명하고 청렴한 기업으로 발전할 것이다.

이를 위해 전사적 윤리경영이 실천하는 방향으로 최고경영자로부터 중간관리자 및 종업원에 이르기까지 전 구성원이 공식적으로 기업윤리 경영을 문서화하고, 기업윤리 행동규범을 제정하여 이해와 참여를 통한 실천이 되도록 노력하고 있다.

이제 삼성은 21세기 지속가능경영을 부단히 추진해나감으로써 존경받는 기업으로 성장하고 신뢰받는 기업으로 발전하는 한편, 세계인의 사랑을 받는 제1의 글로벌기업으로 자리매김해야 한다.

하지만 세상에 완벽한 것은 없다. 많은 사람들이 삼성그룹에 대하여 호감을 가지고 있지만 그렇지 않은 경우도 있을 것이다. 그렇다 하더라도 삼성그룹은 그 세력마저 포용하고 설득하여 함께 나아가야 한다.

이를 위해서 이건희 회장은 '100년을 위한 10년의 창조경영'을 강조하였던 것이다. 새로운 10년을 맞는 마음가짐을 존경받는 기업, 사랑받는 기업을 만들어가는 초석으로 다져야 할 것이다.

지속가능경영: CEO 메시지

삼성전자는 'Inspire the World Create the Future'라는 비전에 한 걸음 더 다가서기 위해, 원천기술을 확보하고 신성장 동력을 개발하고 있으며, 동시에 동반성장, 준법경영, 친환경경영, 고객중시, 사회적 책임수행 등 지속가능경영을 통한 가치창출을 위해서 더욱 노력하고 있다.

또한 존경받고, 사랑받는 글로벌 초일류기업으로 도약하기 위해 다양한 이해관계자들의 하모니를 이끌어내어 보다 밝은 미래를 선도해나갈 것이다.

특히, 삼성전자의 지속가능경영 비전 슬로건은 'Global Harmony with People, Society and Environment'이다. 이는 사

람, 사회, 그리고 환경이 함께 조화로운 세계를 만들어간다는 의미이다.

21세기 인재경영: 꿈의 일터조성

삼성은 급변하는 글로벌 경영환경에 능동적으로 대응하고, vision 2020에서 선언한 소프트웨어와 솔루션 사업 확대에 부합하는 창조적 조직문화를 조성하는 21세기 인재경영에 많은 노력을 기울일 것이다.

① Work Smart, ② Think Hard, ③ Build Trust를 3대 축으로 조직문화를 유연하게 개선하고, 임직원 개개인의 창의성을 최대한 발휘할 수 있는 꿈의 일터조성GWP을 위해 노사가 하나되어 지속적 개선을 추구해나가는 계획이다.

21세기 정도경영: 윤리경영

최근 전 세계적으로 ① 공정거래, ② 환경보호, ③ 부패방지 등에 대한 규제가 엄격해지고 있다. 삼성전자는 글로벌 초일류기업으로 지속 성장·발전하기 위하여 '법과 윤리'를 준수하는 준법경영, 윤리경영을 더욱 강화해나가고 있다.

삼성전자의 Compliance 활동 프로세스는 크게 ① 사전예방, ② 모니터링, ③ 사후관리 등으로 운용되고 있다. 삼성그룹은 첫째도 둘째도 정도경영이며 윤리경영이다. 정도경영과 윤리경영은 시작이며 끝이다.

21세기 녹색경영

삼성전자는 인류의 풍요로운 삶과 지구환경 보전을 위해 녹색경영 기본이념을 바탕으로 친환경제품 출시 확대와 온실가스 감축 등 인류사회와 지구환경을 배려하는 녹색경영을 지속적으로 추진할 것이다.

녹색경영의 비전은 Creating New Value through Eco-Innovation, 즉 친환경 혁신활동을 통한 새로운 가치창조이며, 녹색경영의 슬로건은 Planet First이다. 이는 지구를 최우선으로 하는 경영활동을 통해 기업의 사회적 책임을 다하고 지속가능경영을 추구한다는 것이다.

녹색경영 추진체계는 CEO 주관으로 녹색경영위원회, 녹색경영위원회 산하 에코협의회와 에코운영회의를 운영하며, 친환경 전략제품 개발 및 저탄소 녹색사업장 구축을 위해 노력하고 있다.

21세기 동반성장

삼성전자는 2011년부터 7대 프로그램을 중심으로 다양한 활동을 전개하고 있으며 동반성장 추진에 대한 모니터링을 계속하고 있다.

또한 실행력을 가속화하기 위해 상생협력센터를 CEO 직속 조직으로 하고, 센터장을 부사장급으로 선임하여 조직의 위상과 역할을 한층 강화할 것이다.

21세기 동반성장 7대 프로그램은 다음과 같다.

(1) 협력업체 상생펀드 운영

(2) 원자재가 변동분을 부품단가에 적기 반영

(3) 임시등록제 도입을 통한 전자거래 문호 확대

(4) 2차 협력업체 지원

(5) 공동기술개발 지원센터 운영

(6) 글로벌 강소기업 육성

(7) 중소기업 우수인력 구인 지원

특히, 협력사, 중소기업 지원을 확대 운영할 것이며, 분쟁지역 광물사용 금지정책을 따를 것이다.

21세기 인류사회 공헌

이건희 회장의 21세기 인류사회 공헌은 ① 초일류기업주의 ② 고객만족주의 ③ 윤리경영주의 ④ 천재중시주의 ⑤ 기술혁신주의 ⑥ 디자인주의 ⑦ 구매 및 예술화주의 ⑧ 사회적 책임주의 정신 등 그의 8가지 기업가정신에서 생성된다.

그리고 '사랑의 별, 나눔의 별'로 대변되는 ① 사회복지활동 ② 학술·교육지원 및 스포츠 진흥활동 ③ 문화·예술 지원활동 ④ 자연환경 보존의 책임 ⑤ 사회봉사활동의 책임 등의 제반 활동에서 실천된다.

100년 후에도 이건희 회장의 ① 삼성 경영 스토리 ② 기업가정신 스토리 ③ 리더십 스토리 ④ 윤리경영 스토리 ⑤ 인류사회 공헌 스토리 ⑥ 메시지 경영 스토리 ⑦ 기업문화 스토리 ⑧ CSR 스토리 등 목계 경영 스토리가 '성공의 길로 인도하는 지혜' 가 될 것이다.

"삼성의 성공 방정식"이 살아있는 한 목계 이건희 회장의 삼성 경영 스토리는 계속 될 것이다.

| 저 자 소 개 |

김 성 수 金聖壽 교수

약 력

저자는 경남 창원이 고향이며, 성균관대 경제학과와 동 대학원을 졸업하였다. 고려대학교 노동문제연구소 간사와 전임강사를 역임하고, 한국생산성본부KPC 산업경제조사부장을 역임하였다. 상공부 중공업차관보실, 공업진흥관실, 공업기획국 파견 전문위원으로 중화학공업정책입안에 참여하였으며, 한국표준연구소 책임연구원으로 국가측정표준조사업무를 하였다. 그리고 경희대학교 대학원에서 경제학박사 학위를 취득하였다. 바로 미국 유학길에 올라 미국 보스톤벨리츠를 수료하고, 미국 하버드대학교HEC/HBS에서 수학한 후 귀국하여 경희대 사회과학대학 경영학부 부교수로 부임하였다. 경희대 국제경영대학 경영학부 교수, 동 대학원 및 경영대학원 노사인력주임교수, 산업정보대학원 교수, 경희대 기업경영연구소장, 경희대교수협의회 의장 등을 역임하였다. 전국사립대학교수협의회 상임회장, 한국가톨릭교수협의회 회장, 21세기 국가발전연구센터 소장을 역임하였다. 한국생산성학회장, 한국인사관리학회장, 한국윤리경영학회장, 한국경영사학회장, 한국기업경영학회장 등을 역임하면서 경영학 발전에 기여하였으며, 국민권익위원회의 전신인 국가청렴위원회 기업투명성 자문위원, (사)한국사립대학교수협의회 자문위원, 그리고 경희대학교 경영대학 명예교수, (사)한국기업경영종합연구원 대표 겸 원장으로 활동하고 있다. 저자는 한국생산성학회에서 생산성학술상1993.6, 한국경영사학회에서 경영사학학술상2002.12, 부총리 겸 교육부장관상 표창2005.7 등 학문발전에 기여한 공로상 등 다수가 있다.

주요저서

Reading in Economic and Managment(영문판), 대학교재사, 1975.

경영학, 교문사, 1977.

폴 사뮤엘슨 경제학연습(공동번역), 학문사, 1983.

한국경제사론, 도서출판 경진사, 1984.

한국경제의 이해, 학문사, 1994.(중국어 번역, "한국경제의 발전"(권광남 부총리역) 심양과학원)

최고경영자의 경영정책과 전략, 명륜당, 1995.

21세기형 신인사관리론, 법경사, 1997.

한국경제의 재도약을 위해서, -IMF위기 극복론-, 법경사, 1998.

아산 정주영 연구(공저), 도서출판 수서원, 1999.

기업경영윤리론, 삼영사, 2002.

성공한 청업자의 기업가정신(대한민국학술원 우수학술도서 선정), 삼영사, 2002.

21세기형 글로벌경영전략, -이론과 사례-, 삼영사, 2003.

뉴패러다임의 노사관계론(제4판), 삼영사, 2007.

21세기 경영학원론, 삼영사, 2007.

산업평화적 노사관계론, 탑북스, 2010.

21세기 글로벌리더십개발(대한민국학술원 최우수도서 선정), 탑북스, 2010.

21세기 청렴형 윤리경영론의 콘서트, -이론과 사례-, 탑북스, 2011.

왜 삼성인가(공저), 비즈니스맵, 2012. 등 50여 권의 저서와 150여 편의 논문.

이건희 회장의 삼성 경영학
목계木鷄 경영 스토리

2012년 11월 20일 1판 1쇄 인쇄
2012년 11월 25일 1판 1쇄 발행

지은이: 김성수
펴낸이: 한정주
펴낸곳: **지성공간**

등록: 제406-2008-000067호
주소: 경기도 파주시 교하읍 문발리 파주출판문화정보산업단지 514-5
전화: 031-955-6952
팩스: 031-955-6037
홈페이지: www.kyoyookbook.co.kr
이메일: kyoyook@chol.com

ISBN 978-89-967960-0-8
값 13,000원

잘못된 책은 바꾸어 드립니다.
Printed in Korea.